Die soziale Sachwerterhaltung auf dem Wege der Versicherung

Von

Dr. phil. Hans He
Charlottenburg

Springer-Verlag Berlin Heidelberg GmbH 1920

ISBN 978-3-662-23964-3 ISBN 978-3-662-26076-0 (eBook)
DOI 10.1007/978-3-662-26076-0

Meinem väterlichen Freund
und mathematischen Lehrmeister

Herrn Direktor Dr. phil. Georg Hoeckner

Leipzig

in dankbarer Verehrung

Motto:

Quantenus homines ex ductu rationis vivunt, eatenus
tantum natura semper necessario conveniunt.

Spinoza: Ethica Pars IV Prop XXXV.

Vorwort.

Will ein Unternehmen den Gefahren begegnen, welche die Person seines Leiters und den Bestand seiner Vermögenswerte bedrohen, so muß es für die planmäßige Rücklegung von Reserven rechtzeitig Sorge tragen. Dies kann als ein unbedingtes Gebot wirtschaftlicher Zweckmäßigkeit allgemein anerkannt werden. Jeder Fonds, der durch eine solche vorbeugende Spartätigkeit entsteht, bietet der Unternehmung, wenn er in der richtigen Weise angelegt wird, einen Rückhalt für den Fall außerordentlicher Vermögensverluste und gesteigerten Kapitalsbedarfs und fördert so die Dauer und Stetigkeit ihrer Entwicklung, die Anpassungsfähigkeit und Widerstandskraft ihrer Organisation beim Hereinbrechen von allgemeinen Krisen, sowie beim Eintritt der besonderen Störungen und Hemmungen, die Leben und Arbeitsfähigkeit ihrer Inhaber bedrohen.

Nach dem Umfange der offenen und stillen Reserven und der Art ihrer Anlage pflegt man daher auch, unabhängig von den Zufälligkeiten der Konjunktur, die Kreditfähigkeit einer Unternehmung zu beurteilen. In dem Maße, wie sie sich durch eine regelmäßige, den bereits eingetretenen oder etwa noch zu erwartenden Wertminderungen angepaßte Spartätigkeit selbst schützt oder „Selbstversicherung" betreibt, gewinnt sie die Möglichkeit der Werterhaltung ihres Güterbestandes im Umkreise ihrer sozialen Zusammenhänge.

So notwendig eine solche selbständige individuelle Sicherstellung jedes Betriebes ist, so deutlich hat doch die Erfahrung in kritischen Zeiten gezeigt, daß der bisher hier eingeschlagene Weg für sich allein nicht genügt, um den Bestand der Unternehmung gegen alle Zufälle sicherzustellen. Mit der fortschreitenden Entwicklung des Versicherungswesens ist man daher mehr und mehr dazu gelangt, die mit einer gewissen Wahrscheinlichkeit berechenbaren Gefahren mit Hilfe von Versicherungseinrichtungen zu decken. Sie schützen und sichern durch Bereitstellung entsprechender Vermögenswerte teils den Wert der geschaffenen und verwalteten Sachgüter gegen Elementarschäden, Einbruchsdiebstahl, Transportverluste usw., teils auch die am Wirtschaftsprozeß mit ihrer Person Teilnehmenden (und somit deren Angehörige) für den Fall des Aufhörens, der Abnahme oder der zeitweiligen Störung ihrer Arbeitsfähigkeit.

Soweit sich diese Vorsorge für künftige Bedarfsfälle nicht durch Heranziehung des privaten, persönlichen Einkommens vollzog, stellte sich die Durchführung der verschiedenen Versicherungsarten von seiten der Geschäfte und Unternehmungen als eine besondere Art der Werterhaltung dar, die mit dem allgemeinen Rücklagesystem des Betriebes immer in einem gewissen Zusammenhang blieb. Man schied gewissermaßen aus dem allgemeinen Reservefonds besondere Spezialfonds aus, die als festgeregelte Rücklagen für bestimmte Risiken fungierten[1]). So wurde die Selbstversicherung gegen alle möglichen Arten der Gefahr mehr und mehr zu einer sozialen Wertgarantie der Versicherungsgemeinschaft für einen durch begrenzte Gruppen von subjektiven und objektiven Schadensfällen hervorgerufenen außerordentlichen Geldbedarf. Diese Praxis hat den unvergleichlichen Vorzug, daß im Bedarfsfalle von Anfang an eine Risikodeckung von solcher Höhe vorhanden ist, wie sie sonst nur durch eine langjährige Spartätigkeit erreicht werden könnte; und zwar beruht das auf dem gegenseitigen Schutze, den die in gleicher Lage befindlichen Versicherungsnehmer einander angedeihen lassen.

Nicht alle Gefahrmöglichkeiten lassen sich durch diese Art von Vorsorge abwenden. Je mehr sich der störende oder hemmende Einfluß aller jener Momente, die von außen her die Existenz eines

---

[1]) In treffender Weise erörtert Eduard von Hartmann diese Zusammenhänge in „Die sozialen Kernfragen", Leipzig 1894, S. 48. „Je weiter der Kulturprozeß fortschreitet, desto mehr Ursachen des Schadens werden dem Gesetz der großen Zahlen unterworfen und damit der gemeinschaftlichen oder gegenseitigen Versicherung zugänglich; deshalb umfaßt anfänglich die Risikoprämie des Kapitals zur Selbstversicherung alle möglichen Arten der Gefahr, während fortschreitend Prämien für bestimmte Zwecke ausgeschieden werden. Die letzteren werden dann unter Betriebsausgaben gebucht, während die verbleibende unterschiedslose Risikoprämie in der Regel als Nettogewinn figuriert, d. h. mit Zins und Unternehmergewinn in einen Topf geworfen wird. Begrifflich aber ist sie von beiden streng zu scheiden; denn **sie geht über den Zins hinaus und dient** bei richtiger Bemessung **nicht der Vermehrung, sondern nur der Erhaltung des Kapitals** in bereits bestehenden und erprobten Unternehmungen."

Betriebes bedrohen, der Wahrscheinlichkeitsberechnung entzog, um so schwerer war es möglich, eine dementsprechende Versicherungsform auszubilden. So ist bisher z. B. die Versicherung des Hausbesitzers gegen Mietverluste nie in vollem Umfange gelungen, die des Hypothekengläubigers gegen Zinsausfälle und Vermögensverluste ohne Erfolg betrieben und wieder eingestellt worden.

Es ist eines der schwierigsten Probleme des Wirtschaftslebens, ob und wie die soziale Werterhaltung innerhalb der bestehenden Einzelunternehmungen durch den notwendigen Selbstschutz, etwa mit Hilfe eines neu auszubildenden Objektversicherungszweiges, gefördert oder ergänzt werden könnte, der auf einer bankmäßigen Konzentration und Verwaltung von Reservekapitalien aufzubauen und für bestimmte Güterkategorien in entsprechender Differenzierung auszubilden wäre. Dem Versuch der Lösung dieses Problems soll die vorliegende Arbeit gewidmet sein.

Es fragt sich, ob nicht schon die bisherige Entwicklung unserer wirtschaftlichen Organisation auf die Bildung solcher Gemeinschaftskräfte hinweist. Eine Erwägung über die Bedeutung der Wirtschaftskrisen für die von ihnen betroffenen Unternehmungen und über die Mittel, die bisher zu ihrer Bekämpfung vorgeschlagen und angewandt wurden, wird uns vielleicht der Lösung dieses Problems näher bringen. —

Die Voraussetzung zu allen folgenden Betrachtungen ist, daß wir uns über die Bedeutung des Zeitmoments in der Werttheorie klar werden; dann findet sich auch die Methode, welche geeignet ist, die soziale Werterhaltung so planmäßig und rationell durchzuführen, daß dadurch ein ungestörter Ablauf des Lebens der Objekte und darüber hinaus zugleich eine Kontinuität ihrer Werte erreicht wird.

Um ferner nicht das Mißverständnis hervorzurufen, daß ich eine allgemeine Konjunkturversicherung in Vorschlag bringen will, möchte ich schon hier darauf hinweisen, daß im zweiten Teil dieser Untersuchung von der neuerdings in Deutschland eingeführten und verbreiteten Form der Versicherung die Rede sein wird, die auf das L e b e n von Geschäftsleitern oder Teilhabern aus laufenden Mitteln des Betriebes bestritten und vorwiegend im Interesse der ungestörten Aufrechterhaltung der Unternehmung abgeschlossen wird.

Wie nun hier die Versicherung eines oder mehrerer Subjekte zugunsten eines lebensfähigen Objekts zur Erhaltung seiner Lebenskraft ins Werk gesetzt wird, so gehe ich im dritten Hauptabschnitt dieser Arbeit auf die Frage ein, ob und in welcher Weise einzelne Objekte zum Gegenstand einer ihrer besonderen wirtschaftlichen Lebensfunktion angepaßten Sachwertversicherung gemacht werden könnten. Die Ausbildung mehrerer oder vieler Gruppen solcher Versicherungsveranstaltungen würde letzten Endes dazu beitragen, die Unternehmungen selbst wie auch die Personen, die diese Sachgüter verwalten, in einem bisher nicht erreichbaren Maße gegen die Gefahren der besonderen und allgemeinen Krisen zu sichern.

Bei dem nicht unberechtigten Mißtrauen, das man leichtfertigen und ungenügend begründeten Experimenten auf dem Gebiete des Versicherungswesens entgegenzubringen pflegt, war ich mir wohl der Schwierigkeiten bewußt, die die Ausarbeitung eines solchen Projekts mit sich bringen würde. Ich weiß, daß der Entschluß, einer neuartigen Versicherungsorganisation beizutreten, entweder ein außerordentlich starkes Vertrauen auf ihre wirtschaftliche Unentbehrlichkeit und Zweckmäßigkeit voraussetzt oder den klaren Nachweis der praktischen Wirksamkeit durch ein bereits bestehendes Unternehmen erfordert, den ich einstweilen noch nicht bieten konnte. So habe ich mich im wesentlichen darauf beschränkt, dem Leser dieser Schrift zu zeigen, wie ich auf dem Wege persönlicher Erlebnisse und Erfahrungen dazu gelangt bin, zuerst die sogenannte Geschäfts- oder Sozienversicherung nach amerikanischem Vorbilde auf deutsche Verhältnisse zu übertragen und auf die verschiedensten Unternehmungsformen anwendbar zu machen, und wie ich dann hiervon ausgehend auf die Idee der Sachwertversicherung kam und mich bemühte, sie zunächst auf dem Gebiete des Hausbesitzes, wo sie mir am dringlichsten notwendig erschien, ihrer Verwirklichung entgegenzuführen.

Die nähere Erläuterung dieses Projekts, sowohl durch allgemeine Erwägungen, wie mit Hilfe eines bis ins einzelne ausgeführten zahlenmäßigen Beispiels, wird vielleicht dazu beitragen, die Kühnheit meines Unternehmens zu rechtfertigen.

Ich empfinde das Bedürfnis, meinen Lehrern: Herren Geheimrat Prof. Dr. H. Herkner, Dr. G. Hoeckner, Dr. H. Brinkmann †, sowie auch Sr. Excellenz Herrn Dr. E. Gruner für die empfangenen wertvollen Anregungen herzlich zu danken.

Berlin 1919.

Inhaltsverzeichnis.

Erster Teil.

Der Dauerwert der Güter in Theorie und Praxis.

I. Objektive und subjektive Grundlagen der Werturteile.

Von den mannigfaltigen Dingen der Außenwelt, die uns umgeben, gehen Wirkungen aus. Wir reagieren auf diese Wirkungen nach unserer Eigenart, indem wir Stellung zu den Dingen nehmen und tätig in ihren Lebensprozeß eingreifen. Aus diesen Wechselwirkungen zwischen Subjekt und Objekt entsteht die Welt der Werte. Ohne die beiden gleichberechtigten Faktoren dieses Relationsverhältnisses läßt sich kein Wert begreifen. Es ist daher jede Theorie abzulehnen, die die subjektiven oder objektiven Momente des Wertbegriffs einseitig hervorhebt. Nur wenn den wesentlichen Eigenschaften der Dinge in gleicher Weise wie denen der schätzenden Menschen Rechnung getragen wird, kann ein objektiv richtiger Wert entstehen.

Die Macht, mit der das Wesen der Dinge in dem allgemeinen Naturlauf sich durchsetzt, bildet das Gegengewicht zu der Macht oder Wirkungskraft der Menschen. In wechselvollem Ringen zwischen Ding und Mensch spielt sich das Leben ab.

Unser psycho-physischer Organismus reagiert auf die Einwirkungen, die er erfährt, zunächst mit Empfindungen, durch die wir ein subjektives Bild von der Natur der Objekte gewinnen, andererseits aber auch mit Lust- und Unlustgefühlen, in denen uns die Förderung oder Hemmung unseres physischen oder geistigen Lebens zum Bewußtsein kommt. Auf diese gefühlsmäßige Reaktion folgt meist eine Äußerung unseres Willens, nämlich das Streben nach Gewinnung oder Erhaltung des lusterweckenden Objekts und nach Entfernung oder Vernichtung des störenden.

Je mehr wir uns darüber klar werden, welche Gestaltungsformen der von der Natur dargebotenen Stoffe den Zwecken unserer materiellen Lebenserhaltung dienlich sind, um so mehr bemühen wir uns, derartige Objekte in den örtlichen Bereich unseres Wirkens zu bringen. Wir suchen die Stoffe räumlich so zu verteilen, daß sie die von uns gewünschten Wirkungen herbeiführen, oder wir verändern zu diesem Zweck ihre natürliche Gestalt, indem wir sie unseren Bedürfnissen anpassen. Ferner vereinigen wir auch verschiedene von Natur getrennte Stoffelemente zu künstlichen Mechanismen, die die für unsere Bedürfnisbefriedigung nützlichen Funktionen für eine bestimmte längere oder kürzere Zeitdauer ausüben.

Alle auf diese Weise geschaffenen Formgestaltungen bezeichnen wir als Güter und legen ihnen je nach ihrer Bedeutung für unsere Wohlfahrtsförderung einen größeren oder geringeren, vorübergehenden oder dauernden Wert bei. Die richtige Erfassung dieser Werte ist von ausschlaggebender Bedeutung einmal für die theoretische Erklärung aller wirtschaftlichen Vorgänge, sodann aber auch für die Bestimmung des praktisch zweckmäßigsten Verhaltens bei der Erzeugung und Verwendung der Güter.

Da jedes Werturteil ein den Wert empfindendes Subjekt und ein bewertetes Objekt voraussetzt, so kommen hier zwei große Untersuchungsgebiete in Betracht[1]). Es sind erstens die im menschlichen Subjekt liegenden Bedingungen, zweitens die auf der Natur des Objekts beruhenden Faktoren der Wertschätzung zu untersuchen. In der Begründung der Werttheorien, die in älterer und neuerer Zeit hervorgetreten sind, zeigt sich nun ein merkwürdiges Schwanken der Beobachtung[2]). Bald werden die objektiven, bald die subjektiven Faktoren des Werturteils einseitig in den Vordergrund gestellt. Mitunter ist man sogar so weit gegangen, die objektive Brauchbarkeit der Güter als eine rein „physikalische oder technische Tatsache" zu bezeichnen, die für das subjektive Werturteil völlig oder nahezu bedeutungslos sei[3]).

Ich kann mich von der Richtigkeit dieser Anschauung nicht überzeugen, halte es vielmehr für durchaus nützlich und berechtigt, die individuelle Wohlfahrtsförderung, die uns durch die objektiven Eigenschaften und Wirkungen der Güter tat-

---

[1]) Vgl. August Messer, Einführung in die Erkenntnistheorie. Leipzig 1909, S. 140.

[2]) Lujo Brentano, Die Entwicklung der Wertlehre. München 1908, S. 11.

[3]) Böhm-Bawerk, Kapital und Kapitalzins. 3. Auflage, Bd. II, S. 214.

sächlich zuteil wird, mit der subjektiven gefühlsmäßigen Auffassung dieses Wirkungszusammenhanges in Beziehung zu bringen. Es ist also zu untersuchen, inwieweit die subjektiven Elemente des Werturteils den gegebenen objektiven Faktoren kongruent sind. Es kann eben auf die Dauer kein Gegensatz bestehen zwischen dem erfahrungsmäßig feststehenden objektiven Gebrauchswert der Güter und seiner subjektiven gefühlsmäßigen Deutung; je klarer wir das Wesen der Dinge erkennen oder die Natur der von ihnen ausgehenden Wirkungen durchschauen, um so mehr werden wir in der Lage sein, ihnen auch in entsprechenden subjektiven Werturteilen gerecht zu werden.

Alle wirtschaftlichen Güter repräsentieren nun für uns eine bestimmte Summe von Nutzleistungen, deren Größe und Umfang von ihrer Lebensdauer abhängt. Gleichviel ob die uns hier dargebotenen Stoffkombinationen auf natürlichem oder künstlichem Wege entstanden sind, sie verändern sich doch, indem sie auf unseren Körper einwirken, stets mehr oder weniger stark nach der Richtung hin, daß sie für unsere Bedürfnisbefriedigung unbrauchbar werden und endlich aus dem Zusammenhange unseres Wirtschaftsplanes ausgeschaltet werden müssen.

Diese allgemein bekannte Erfahrungstatsache ist auch für die nationalökonomische Theorie über den Wert der wirtschaftlichen Güter von entscheidender Bedeutung, denn die Geltung eines Wertes beruht in erster Linie auf der Fortdauer bestimmter, für uns wesentlicher Qualitäten und Funktionen der Objekte, welche sich in dem fortwährenden Wechsel ihrer Bewegungen erhalten, bis sie schließlich durch Verbrauch oder Abnutzung verschwinden. Vielfach bewerten wir freilich die Güter nach dem augenblicklichen Nutzen, den sie uns für unsere Wohlfahrtsförderung gewähren. Wir werden aber bei klarem wirtschaftlichen Denken auch die ganze Periode des Güterwirkens unserem Werturteil zugrunde legen und alle zukünftigen Nutzleistungen in Betracht ziehen müssen, die ein Objekt uns darbieten wird. Es ist gewiß nicht immer in uns das volle klare Bewußtsein dieses Dauerwertes der Güter vorhanden. Wir sind oft geneigt, den zufälligen Eingebungen des Augenblicks in der wirtschaftlichen Beurteilung der Dinge nachzugehen, statt uns durch kühle, verstandesmäßige Überlegung leiten zu lassen. Dem Prinzip der Wirtschaftlichkeit entsprechen jedoch solche instinktmäßigen Werturteile nicht.

Denn jede planmäßige Wirtschaft ist darauf aufgebaut, für die Deckung zukünftiger Bedarfsbefriedigung rechtzeitig Sorge zu tragen und sich über die Mittel, die zur Durchführung dieser Zwecke in Betracht kommen, systematisch klar zu werden. Hieraus ergibt sich, daß wir alle Veranlassung haben, uns über die Zeitdauer des Wertes nicht nur praktisch, sondern auch theoretisch Rechenschaft zu geben.

II. Die Theorie der Zeitwerte.

Die Objekte äußern uns gegenüber eine gewisse Macht oder Wirkungskraft, auf der ihre Geltung beruht. Sie besitzen eine ganz bestimmte Lebensdauer, die sie teils von Natur, teils durch pflegliche Behandlung von unserer Seite behaupten. Die Größe dieser Lebensdauer ist identisch mit der Anzahl der Nutzleistungen, welche sie uns darbieten. Ohne Berücksichtigung dieser objektiven Momente kann kein richtiges Werturteil zustande kommen. Ich unterscheide drei Klassen oder Stufen von Werten, insofern das zeitliche Moment für unsere Beurteilung in Frage kommt:

1. **Augenblickswerte** ergeben sich, wie wir sahen, aus dem momentanen Bedürfnis des Menschen, dessen Befriedigung in Frage kommt. Wir sehen hier die Dinge nur von einer bestimmten Seite an und erfassen sie nicht in der Gesamtheit ihres dauernden Wirkungszusammenhanges mit unserem Körper. Sie werden in ihrer aktuellen Existenz wahrgenommen und genossen, wie die Situation des Augenblicks es erfordert. Sie verlieren scheinbar ihren Wert für uns, wenn wir sie genossen haben, denn die physischen Nachwirkungen des Genusses sind nicht mehr Gegenstand unmittelbarer Wahrnehmung.

Es handelt sich hier in der Regel um die sogenannten verbrauchlichen Genußgüter, so z. B. Nahrungs- und Genußmittel der verschiedensten Art.

Bei wiederholter Wahrnehmung und Beobachtung solcher Güter verändert sich allerdings der Charakter unseres Werturteils. Wir erkennen allmählich immer klarer die wahre und dauernde Bedeutung eines solchen Gutes für unsere individuelle Lebenserhaltung. Dann zeigt sich, daß auch sogar diese Augenblickswerte im eigentlichen Sinne nicht verschwinden, sondern nachwirkende Kraft haben.

Die von der jeweiligen Wahrnehmung unabhängigen Reflexionswerte erlangen schließlich steigende Bedeutung im Zusammenhange unseres Wirtschaftsplanes. Ohne diese Einordnung in die gesamte Wertreihe der für uns in Betracht kommenden Güter würden sie schwerlich einen bestimmten festbegrenzten Bezirk in unseren wirtschaftlichen Dispositionen einnehmen.

Es ist nicht notwendig, daß wir uns bei jeder wirtschaftlichen Handlung neue Werturteile bilden. Wir behalten die Ergebnisse früherer Augenblicksbeobachtungen im Gedächtnis und reproduzieren jene Werturteile im wesentlichen unverändert, solange unsere wirtschaftliche Gesamtlage die gleiche bleibt. Die Schätzung wird schließlich gewohnheitsmäßig festgestellt und nach unzähligen Wiederholungen mehr oder weniger mechanisch ausgenutzt. Wir wissen dann ganz genau, wieviel von unserer augenblicklichen Wohlfahrtsförderung von dem Besitz oder Verlust gewisser Genußgüter — wie z. B. ein Pfund Fleisch, ein Stück Brot, ein Liter Milch — abhängt. Andererseits sind aber auch die wechselnden Bedingungen des wirtschaftlichen Verkehrs eine fortwirkende Ursache von Wertverschiebungen. Es ist eine Eigenart unseres Gefühlsvermögens, daß es im stetigen organischen Zusammenhange fortdauernd sich entwickelt, daß die einzelnen elementaren Lust- und Unlustgefühle sich zu gewissen Gesamteindrücken steigern und kombinieren und schließlich Resultanten bilden, die mehr oder weniger konstant sind. So nähern wir uns schon dem Umkreise der zweiten Stufe des Werturteils, für die nun vor allem die ausdauernden Güter in Betracht kommen.

2. **Dauerwerte.** Man unterscheidet hier allgemein zwei Klassen oder Gruppen von Gütern, nämlich:

a) die dem unmittelbaren Gebrauch dienenden Nutzgüter von längerer Lebensdauer, z. B. Möbel, Teppiche, Kleidungsstücke, Häuser, Schiffe usw.;

b) die nur mittelbar zur Herstellung von Genußgütern dienenden Produktionsmittel oder Produktivgüter, z. B. Rohstoffe, Maschinen, Werkzeuge usw.

Gemeinsam ist beiden Gütergruppen der eigentümliche Dauerwert, den sie vermöge ihrer beharrenden Wirkungsweisen oder konstanten Eigenschaften in sich bergen. Natürlich ist auch dieser Dauerwert zeitlich begrenzt, denn, wie wir gezeigt haben, unterliegt jedes derartige Gut teils durch natürliche Einwirkungen einer fortschreitenden Auflösung, teils durch menschlichen Gebrauch einer zunehmenden Abnutzung bis zu dem Moment, wo ein völliges Sterben des Wertes festzustellen ist. Nach dem Verlust der für unsere Lebenserhaltung nützlichen oder bedeutungsvollen Eigenschaften werden sie aus unserem Wirtschaftsplan ausgeschaltet, und so kommt dann die Produktion oder anderweitige Beschaffung eines neuen Gutes von gleicher oder ähnlicher Art in Frage.

Auf die praktischen Konsequenzen, die sich aus der Beobachtung dieser abnehmenden Wertreihen innerhalb der Lebensperiode der ausdauernden Güter ergeben, wollen wir später eingehen. Hier sei nur darauf hingewiesen, daß auch für diese Güterkategorien die erste Stufe des Werturteils, nämlich die Augenblickswertung des unmittelbaren Gefühls keineswegs ausgeschlossen ist, sondern eine sachlich oft kaum berechtigte Rolle spielt. Je mehr aber eine verständige Reflexion über die Art und Dauer der verfügbaren Nutzeffekte Platz greift, je klarer wir uns über die eigenartige Konsistenz des Wertes geworden sind, die ein solches Gut entweder für sich allein oder in dem notwendigen Zusammenhange mit anderen, komplementären Gütern aufzuweisen hat, um so mehr verschiebt sich der ganze Komplex der im wirtschaftlichen Verkehr ausschlaggebenden Werturteile von dem ursprünglichen Ausgangspunkt der Augenblickswerte in der Richtung der Dauerwerte.

Man kann das eigenartige Wirken von Gütern dieser Kategorie gar nicht hinreichend würdigen, wenn man nicht die Tatsache in Betracht zieht, daß sie für uns einen fortgesetzten Ertrag abwerfen, dessen Größe für ihren Wert entscheidend (wenn auch nicht allein entscheidend) ist. Es kommt darauf an, wie weit wir in der Benutzung solcher ausdauernden Genußgüter oder Produktionsmittel bereits vorgeschritten sind und welche Summe von Nutzeffekten für den Rest ihrer Lebensdauer noch zu erwarten ist[1]). Abgesehen von dem Ertrage in seiner konkreten zeitlichen Begrenzung kann das in den Dauergütern selbst vorhandene unvergängliche Material

---

[1]) Vgl. Ehrenberg, Versicherungsrecht, Bd. I, S. 448, Leipzig 1893. Hier wird nachgewiesen, daß auch der Versicherungswert bei Schadenregulierungen auf dieser Grundlage der Zeitwertberechnung beruht: Handelt es sich um Gegenstände, welche einen Ertrag abwerfen, z. B. um Mietshäuser, Schiffe, gewerbliche Maschinen usw., so durfte schon als Versicherungswert nicht einfach der Anschaffungswert in Ansatz gebracht werden (S. 366), vielmehr ist es Auf-

einen objektiven Wert darstellen, weil es nach vollständiger Ausnutzung der betreffenden Objekte, also am Ende ihrer Wirkungszeit die Möglichkeit einer neuen Formgestaltung für sich oder in Verbindung mit anderen Stoffen darbietet (z. B. Abbruchswert eines Hauses).

Jede Nutzleistung eines ausdauernden Gutes hat einen selbständigen wirtschaftlichen Wert. In der Periode des Güterwirkens folgt eine dieser Nutzleistungen auf die andere in einer ganz bestimmten Gesetzmäßigkeit. In der konstanten Abgeschlossenheit dieser Nutzeffekte und der ihnen entsprechenden Formveränderung der nutzbaren Objekte selbst offenbart sich uns das Wesen oder die Idee dieser Güter[1]). Alle Veränderungen, die sie durch den Gebrauch erleiden, finden ihre Begrenzung an dem ihnen eigenartigen Typus der Stoffkombination. Neben dieser Veränderlichkeit der Wirkungsweise nehmen wir aber auch die beharrenden Eigenschaften dieses Wirkungszusammenhanges wahr, auf denen für uns die Konsistenz des Gesamtwertes beruht. Diese nützlichen Eigenschaften solange als möglich zu erhalten, ist eins der wichtigsten Ziele unseres wirtschaftlichen Handelns. Auch die Theorie des Werturteils muß diese Tatsache in Betracht ziehen, denn man kann sich ein wirtschaftliches Gut überhaupt nicht vorstellen ohne die fortgesetzte Beobachtung, Pflege und Fürsorge des Menschen zur Sicherung seines Wertbestandes.

Was die Güter im Augenblick ihrer Benutzung uns darbieten, das sind stets nur vereinzelte Bruchstücke ihres Gesamtwertes. Ihr Ertrag im Verlauf einer bestimmten Wirtschaftsperiode (z. B. eines einzelnen Jahres) bildet zwar die Grund-

---

gabe einer rationellen Wirtschaft, aus dem Ertrage einen sog. Amortisationsfonds anzusammeln. Der Wert dieser Gegenstände sinkt allmählich nach Maßgabe gehöriger Abschreibungen, und der Schadenberechnung ist daher der zur Zeit des Unfalls noch vorhandene Wert zugrunde zu legen (nach Abzug sämtlicher Abschreibungen).

[1]) Kant vergleicht in seiner Kritik der Urteilskraft §§ 64, 65 menschliche Kunstprodukte, wie Uhren, Maschinen, Häuser, in bezug auf die in ihnen wirkende Zweckidee mit den als Naturzweck gedachten Organismen, die als sich selbst bildende Wesen eine sich fortpflanzende, bildende Kraft haben, z. B. Bäume, die als Naturmechanismen generell und individuell betrachtet „von sich selbst Ursache und Wirkung" sind. „Im Praktischen (nämlich der Kunst) findet man leicht dergleichen Verknüpfung, wie z. B. das Haus zwar die Ursache der Gelder ist, die für Miete eingenommen werden, aber doch auch umgekehrt die Vorstellung von diesem möglichen Einkommen die Ursache der Erbauung des Hauses war." Kritik der Urteilskraft (Ausg. von Kehrbach, S. 253—257 und 251—252).

lage des Urteils über ihren gegenwärtigen Wert, aber dieses Urteil bleibt stets unvollständig, denn alle derartigen Wertungen beziehen sich zunächst auf völlig diskrete Größen, die von mannigfachen Zufällen abhängen und selbst in ihrer Summierung kein stetiges Ganzes ausmachen. Nur wenn wir die konstante Gesetzmäßigkeit der Wertverschiebungen verfolgen, die sich während der ganzen „Lebensdauer“ eines solchen Gutes ergeben, gelangen wir zu einem abgeklärten, streng sachlich begründeten Werturteil; wir erkennen den Dauerwert der betreffenden Güter. Die wissenschaftliche Grundlage einer solchen Erkenntnis kann, wenn überhaupt, am ehesten in einer exakten statistischen Beobachtung des Objekts gefunden werden, die alle Erfahrungen innerhalb seines konkreten Wirkungskreises systematisch feststellt.

Man könnte einwenden, daß für solche Beobachtungen über die Entwicklung der Dauerwerte bisher noch alle positiven Grundlagen fehlen. Wenn dies der Fall ist, so können wir das nur als einen Mangel planmäßiger wirtschaftlicher Verwertung des tatsächlich vorhandenen Erfahrungsmaterials erkennen, mit dem doch jeder praktisch tätige Unternehmer, ja jedes Wirtschaftssubjekt fortwährend rechnet und rechnen muß. Vielleicht erklärt sich dieser merkwürdige Mangel dadurch, daß die Mehrzahl der Nationalökonomen bisher nur einseitig den Zeitraum der Güterbildung oder Produktion ins Auge gefaßt, die zusammenhängende Betrachtung der Periode des Güterwirkens aber meist vernachlässigt hat.

Es ist klar, daß die Fortdauer unserer Wertschätzung in jedem Zeitmoment des Güterlebens objektiv begründet ist durch den ununterbrochenen Verfallsprozeß, den das betreffende Objekt, teils durch unsere Benutzung, teils durch sein natürliches Dahinschwinden erfährt. Die objektive Werterhaltung ist also der unverrückbare Maßstab der subjektiven und individuellen Wertschätzung, ihrer Konstanz sowohl wie ihrer Variabilität.

Alles, was wir praktisch durch Reparaturen und andere Operationen an dem Körper oder an den Organen des Objekts zu seiner Werterhaltung beisteuern, muß seinen unmittelbaren Reflex in der Ausgestaltung und Fortbildung unseres subjektiven Werturteils finden.

Die einheitliche Erkenntnis dieser objektiven und subjektiven Wertverschiebungen kann nun allmählich, sofern sie mit vollem, klarem Bewußtsein erfolgt, zur Grundlage einer neuen Stufe von

Werturteilen werden. Es handelt sich jetzt nicht mehr allein um das konkrete einzelne Gut, sondern um die Vernunftidee des Gütertypus, dessen fortgesetzte Reproduktion für uns in Frage kommt. Wenn wir in scheinbar ewiger Monotonie immer dieselben Zweckideen unserer wirtschaftlichen Arbeit zugrunde legen, so beruht dies auf der eigenartigen Konstanz und Kontinuität unserer Wertschätzung, die in der Fortdauer der Wirkungszusammenhänge unseres Körpers mit den von der Natur dargebotenen Stoffgestaltungen begründet ist. Im Interesse unserer Lebenshaltung müssen wir immer wieder dieselben Umformungsprozesse vornehmen. An den Grundfunktionen unseres Körpers und seiner Bedürfnisse ändert sich im Laufe der Zeit nur wenig, auch sie zeigen in ihren Hauptrichtungen das ewige Gleichmaß der Naturerscheinungen. Wir rechnen auf Grund jahrhundertelanger Erfahrungen mit den Nutzeffekten der für unsere Lebenserhaltung verwertbaren Stoffelemente und alle ihre künstlichen Kombinationen, die wir hervorbringen, tragen trotz ihrer relativ kürzeren Lebensdauer doch auch etwas von jenem Stempel der Ewigkeit an sich, der den Naturprodukten anhaftet, denn ihre Wirksamkeit unterliegt den allgemeinen Naturgesetzen. Je klarer und sicherer wir nun voraussehen, in welcher Weise jene wirtschaftlichen Güter in Zukunft wirken werden, je mehr wir uns bewußt sind, wie sie ihrer Natur nach stets wirken müssen und in der Vergangenheit auf uns gewirkt haben, um so deutlicher offenbart sich uns das Wesen oder die Idee ihres Wertes. Es ist ihre Geltung in dem ganzen Umkreise ihres Wirkungszusammenhanges unter der Voraussetzung einer vernünftigen, planmäßigen Bewirtschaftung, die in dieser Klasse von Werturteilen zum Ausdruck kommt; ich möchte sie als kontinuierliche Werte bezeichnen.

3. **Kontinuierliche Werte.** Ohne die Annahme, daß die Tendenz zu einer solchen Wertbildung bei allen Dauergütern vorhanden ist, läßt sich die beständige Ordnung, der lückenlose Aufbau unserer wirtschaftlichen Güterwelt kaum erklären; es ist nur der Abschluß der ganzen Entwicklungsreihe von Produktion, Konsumtion und Reproduktion eines konkreten wirtschaftlichen Gutes, der hier in einer einheitlichen Resultante oder Summation des Wertgefühls zum Ausdruck kommt. Alle Teilerfahrungen werden zu einem Ganzen zusammengefaßt, zu einer Zweckidee des Objekts, welche alle Elemente seiner stetigen Fortbildung in sich birgt.

Um sich die Geltung solcher Werte an einzelnen Beispielen klar zu machen, muß man alle persönlichen Gefühlserlebnisse ausschalten, die durch zufällige, sekundäre Nebenumstände im einzelnen Falle hervorgerufen werden. Versenkt man sich in die objektive Eigenart des zu schätzenden Gutes, so wird man eine gewisse innere Regsamkeit, eine Entwicklungsidee, einen Lebensprozeß in ihm wahrnehmen oder herausfühlen, der sich unabhängig von unserer Willkür kontinuierlich fortsetzt.

Wir denken hier zunächst an solche organischen Produkte, deren Fortpflanzung schon die Natur uns nahelegt, wie z. B. Getreide, Früchte, Bäume usw. Hier vollzieht sich die Werterneuerung aus dem gewonnenen Ertrage durch Samen oder Früchte entweder automatisch oder doch mit Hilfe eines verhältnismäßig mühelosen Eingreifens der menschlichen Arbeitskraft. Der Fortgang der Kultur beruht auf einer natürlichen Disposition dieser Werte zur Fortpflanzung, die wir planmäßig auszunutzen wissen.

Ein ganz anderes Beispiel würden etwa die landwirtschaftlichen Geräte darbieten, die bei dem fortgesetzten Anbau jener Früchte in gewissen feststehenden Typen jahraus, jahrein benutzt werden. Sie gehören zu dem althergebrachten Inventar des Landwirts und haben einen relativ stabilen Ertragswert für ihn, mit dem er beständig rechnet. Wenn auch manche Arten von Geräten seit Jahrhunderten bekannt und gebräuchlich sind, so läßt sich doch nicht verkennen, daß eine allmählich fortschreitende Wandlung und Differenzierung der benutzten Typen stattfindet. Das Urteil über den Wert eines solchen Objekts kann daher nicht als völlig stabile oder unveränderliche Größe angenommen werden. Die Veränderungen z. B. in der Konstruktion eines Pfluges, einer Egge usw. lassen vielmehr darauf schließen, daß der erfinderische Geist des Menschen während der Fortdauer seiner Wertidee niemals zur Ruhe kommt, sondern im Wandel der Zeiten Fortschritte macht. Aber diese Umbildung vollzieht sich in der Regel nicht sprunghaft und unvermittelt, sondern immer in logischer Folge mit gewissen Abstufungen auf Grund neugewonnener Erfahrungen, also nach Grundsätzen der Zweckmäßigkeit. Man erstrebt bei dieser kontinuierlichen Fortbildung und Vervollkommnung des Typus eine Steigerung des Ertrages, also des Dauerwertes.

Noch deutlicher tritt die Stetigkeit der Wertentwicklung bei solchen ausdauernden Gütern hervor, die in ihrem Lebenslauf verschiedene Besitzergenerationen überdauern. Wir werden dies im folgenden ausführlich an dem Beispiel des Hauswertes darlegen. Die bis in alle Konsequenzen planmäßig durchgeführte Werterhaltung eines Hauses schafft die Grundlagen für eine neue Art der Bewertung, die bisher allerdings immer nur der Tendenz nach gegeben war.

Das Ideal einer objektiv richtigen Durchschnittsbewertung kann wohl immer nur auf dem Wege der Versicherung angestrebt werden. Diese setzt aber voraus, daß man sich über die Grenzen des in Betracht kommenden Lebensprozesses der Güterwelt vollkommen klar wird. Was hier der einzelne Mensch mit seinem eng begrenzten Beobachtungs- und Erfahrungskreise nicht leisten kann, nämlich sich über den ganzen Aufbau, den Verlauf und den Ausgang des Güterwirkens ein völlig oder annähernd richtiges und allgemein gültiges Gesamturteil zu verschaffen, das kann im großen und ganzen erreicht werden, wenn eine Gemeinschaft der in gleicher Lage befindlichen Interessenten zum Zweck gegenseitiger Sicherstellung gebildet wird, die durch ihre Organe diese universelle Wertbeobachtung und Werterhaltung vollziehen läßt.

Nur auf dem Wege der Versicherung kann also jenes Vernunftideal der Wertkontinuität im praktischen Wirtschaftsleben Gestalt gewinnen. Sobald dieses Stadium der Wertbildung erreicht ist, wird sich auch das Urteil über den Verkaufswert derartig gesicherter Objekte mehr und mehr in der Richtung des Durchschnittswertes verschieben, der nach den bisher gewonnenen Erfahrungen unter den gegebenen Verhältnissen anzunehmen ist.

Wir gelangen hiermit zur Erwägung der Konsequenzen, die sich für die *Praxis* des Wirtschaftslebens aus der Berücksichtigung jener zeitlichen Momente ergeben, deren Bedeutung für die *Werttheorie* wir bisher erörtert haben.

III. Die Dauer der Objekte als Grundlage der Wertbildung.

Jede planmäßige wirtschaftliche Tätigkeit ist auf die Schaffung und Erhaltung von Gütern oder Werten gerichtet, die den Menschen zur Befriedigung ihrer materiellen Bedürfnisse dienen sollen. Stets handelt es sich, wie wir gezeigt haben, bei dieser Wertbildung darum, die in der Natur vorgefundenen Stoffelemente vermöge der Kräfte, die in ihnen wirksam sind, in der Weise dauernd zu formen oder zu verknüpfen, daß sie einer Zweckidee entsprechen, die in diesem Zusammenhang verwirklicht wird. Die zweite Aufgabe der praktischen Wirtschaftspolitik besteht darin, die hergestellten Güter solange als möglich in ihrem Werte zu erhalten und ihren Ertrag derart auszunutzen, daß eine rechtzeitige Reproduktion die verbrauchten Güter ersetzt und neue gleichwertige an ihre Stelle treten läßt. Der ganze Aufbau der Güterwelt beruht auf dieser kontinuierlichen Fortbildung der einmal gewonnenen Werte. Die ungeheure Bedeutung, welche die sparsame Verwertung und richtige Verteilung aller dieser teils von Natur vorhandenen, teils nach und nach im Verlauf der wirtschaftlichen Entwicklung angehäuften Güter für die wirtschaftliche Selbsterhaltung der Völker in kritischen Zeiten hat, ist uns nicht nur durch die Erfahrungen, die wir im Weltkrieg gemacht haben, sondern vor allem auch durch die großen Umwälzungen zum Bewußtsein gebracht worden, welche die soziale Bewegung der Gegenwart mit sich bringt. Wenn nicht wieder neue bisher noch unbekannte Triebkräfte zur Entfaltung gelangen, dürfte uns diese anormale Wertvernichtung um Jahrzehnte in der Vermögensbildung zurückwerfen. Aber auch der regelmäßig wiederkehrende Prozeß des Güterverbrauchs und der natürlichen Entwertung der Objekte durch Verwitterung, Auflösung, Abnutzung usw. erfordert die unausgesetzte Beobachtung der Lebensdauer aller wertvollen Güter und eine ebenso beharrliche Tätigkeit zur Erhaltung ihres Wertes durch Ersatz und Erneuerung verbrauchter Bestandteile oder erkrankter Organe.

Im Prinzip wird es wohl anerkannt, daß die bestmögliche Erhaltung aller einmal gewonnenen oder geschaffenen Werte eine unerläßliche Grundlage jeder rationellen Wirtschaft ist. Wenn man aber die praktische Durchführung dieses Prinzips in den einzelnen Unternehmungen und Privatwirtschaften näher ins Auge faßt, so zeigen sich die mannigfachsten Abweichungen von jenem Grundsatze der Werterhaltung, welcher das vornehmste Gebot der wirtschaftlichen Tätigkeit sein sollte.

Überall da, wo die Menschen sich lediglich von den nächstliegenden, momentan hervortretenden, sinnfälligen Genußreizen und instinktmäßigen Motiven leiten lassen, wo sie nur den vorübergehenden Bedarf der Gegenwart zu decken bedacht sind und den ganzen Ertrag ihrer Arbeit für diesen Zweck verwenden, fehlt es an einer systematischen Fürsorge für die nähere und fernere

Zukunft und für die dauernde Erhaltung der Mittel, auf denen jede weitere Gütererzeugung beruht.

Die Folge dieses unwirtschaftlichen Verfahrens sind große Ungleichmäßigkeiten in den Ergebnissen der Arbeit, unvorhergesehene Störungen bei der Erneuerung des verbrauchten Materials und der Werkzeuge, mangelhafte Heranziehung der technisch vollkommensten und ergiebigsten Produktionsmittel. In dem Maße, wie sich durch einen solchen ungeregelten Verbrauch des erzielten Einkommens Fehlbeträge an verfügbaren Mitteln ergeben, gewinnen die periodisch eintretenden Wirtschaftskrisen an Umfang und Schärfe, und nur die immer wiederholte Erfahrung durch große Verluste und Wertvernichtungen kann uns den Weg weisen, wie wir wirtschaftlich richtig vorgehen müssen.

Es kann keinem Zweifel unterliegen, daß unsere subjektiven Urteile über den Wert der uns zur Verfügung stehenden Güter je nach der Größe des vorhandenen Vorrats und seines Verhältnisses zu dem konkreten augenblicklichen Bedarf großen Schwankungen unterworfen sind. Es ergibt sich daraus, daß auch die Sorgfalt, welche auf die praktische Werterhaltung dieser Güter verwendet wird, je nach dem Maße der Schätzung bis zu einem gewissen Grade veränderlich sein muß. Andererseits aber ist es unverkennbar, daß in jedem größeren Kreise von wirtschaftenden Menschen gewisse elementare Bedürfnisse mit nahezu gleichbleibender Konstanz auftreten oder in regelmäßiger Wiederkehr erscheinen, so daß die ständige Bereithaltung der entsprechenden Befriedigungsmittel im Zustande dauernder Brauchbarkeit eine unumgängliche Pflicht für jeden Wirtschaftsbetrieb darstellt.

Diese Aufgabe kann nur gelöst werden, wenn in der ganzen Volkswirtschaft, im großen wie im kleinen, ein wohldurchdachtes System von praktischen Maßregeln der Werterhaltung zur Durchführung gelangt, die auf objektiv richtigen Ermittlungen und Feststellungen über die durchschnittliche Lebensdauer der hauptsächlich in Betracht kommenden Güterkategorien beruhen. Wie wir hiermit nachgewiesen haben, **ist die Dauer des Objekts ein Hauptfaktor seiner Wertbildung.** In dieser teils von Natur vorhandenen, teils künstlich erhaltenen Beständigkeit des Güterwertes liegt ein objektives Moment, das relativ unabhängig von den jeweiligen subjektiven Schätzungen in jedem wohlüberlegten Wirtschaftsplan Berücksichtigung finden muß.

Allerdings sind die Menschen wenig geneigt, sich in jedem Augenblick über das Verhältnis Rechenschaft zu geben, in dem ein wirtschaftliches Gut mit all seinen vergangenen, gegenwärtigen und zukünftigen Nutzungen zu den Zwecken oder Bedürfnissen steht, die seiner Schaffung und Erhaltung zugrunde liegen. Aber es kann doch andererseits auch nicht verkannt werden, daß, je wertvoller diese Objekte sind, um so dringlicher die Notwendigkeit hervortritt, nicht nur die theoretische Schätzung auf jene Dauer der Nutzungen einzustellen, sondern auch alle praktischen Konsequenzen aus dieser Erkenntnis der Wertbeständigkeit zu ziehen.

IV. Planmäßige Durchführung der sozialen Werterhaltung.

Nehmen wir nun an, jenes erste Postulat einer rationellen Wirtschaft sei erfüllt und alle Güter, die der Verfügungsgewalt eines Wirtschaftssubjektes unterliegen, je ihrer Lebensdauer nach objektiv richtig eingeschätzt, so käme nun als zweite praktische Forderung in Betracht, die Werterhaltung aller Güter planmäßig durchzuführen.

Durch die mannigfachsten Erfahrungen kann man dazu gelangen, das Maß der Abnutzung oder Entwertung festzustellen, dem die verschiedenen Gebrauchsgüter oder Produktionsmittel im Verlauf einer Wirtschaftsperiode unterliegen. Der Geldwert dieser Abnutzung läßt sich mit annähernder Genauigkeit berechnen. Er stellt einen bestimmten Prozentsatz des Beschaffungswertes der betreffenden Objekte dar. Es muß nun in jedem Jahr ein diesem Geldwert der Abnutzung entsprechender Teil des Bruttoertrages zurückgelegt werden. Hierdurch findet die Ansammlung eines Abschreibungs- oder Erneuerungsfonds statt, der einen doppelten Zweck erfüllt. Erstens sind mit seiner Hilfe alle fortlaufenden Reparaturen und Ergänzungen auszuführen, die dazu dienen können, die Leistungsfähigkeit der betreffenden Objekte solange als möglich aufrecht zu erhalten; zweitens ist er dazu bestimmt, die rechtzeitige Neubeschaffung gleichwertiger Güter zu ermöglichen, wenn die bisher benutzten unbrauchbar, veraltet oder unrentabel geworden sind.

Wenn man nun den Gedanken der Werterhaltung in allen seinen Konsequenzen durchführen will, so muß ein Wertäquivalent durch solche Rücklagen geschaffen werden, das dem Maße der Abnutzung genau entspricht. Es entsteht damit ein greifbarer Substitutionswert, ja es läßt sich sogar sagen, ein vollkommenes Gleichgewicht zwischen dem absterbenden und aufwachsenden Werte, und zwar ist der durch die Rücklagen gesammelte Fonds stets das Komplement des noch vorhandenen Restwertes. Durch diese fortgesetzte Ausgleichsmaßnahme wird die regelmäßige Regeneration oder Reproduktion der für die Fortführung des Wirtschaftsbetriebes notwendigen Güter planmäßig sichergestellt.

Voraussetzung dieser regelmäßigen Werterneuerung ist nun allerdings die absolut freie Verfügungsgewalt über die angesammelten Reserven. Sie müssen in dem Maße flüssig oder disponibel sein, als ihre Heranziehung für die Werterhaltung oder Erneuerung erforderlich wird. Wir haben hier besonders darauf hinzuweisen, daß diese unbedingt gültige praktische Forderung nicht erfüllt werden kann, wenn die sog. Abschreibungs- oder Erneuerungsfonds nur buchmäßig vorhanden sind, d. h. wenn die ihnen entsprechenden Aktivwerte nicht in sofort greifbaren Mitteln bestehen. Aber auch, wenn dies wirklich der Fall ist, kann die isolierte Reservebildung der einzelnen Unternehmung in Zeiten allgemeiner Krisen oder besonderer individueller Gefahren für die Existenz der Unternehmung sich als unzureichend erweisen.

Es wird sich mehr und mehr herausstellen, daß nur ein gegenseitiges Füreinandereintreten der verschiedensten Gruppen und Klassen von Unternehmern in solchen Fällen ausreicht, um die benötigten Kapitalien flüssig zu machen. Solange die privatwirtschaftliche Unternehmungsform vorherrschend bleibt, kann aber eine solche gegenseitige Unterstützung der Betriebsleitung in der Verwendung disponibler Reserven nur auf dem Wege der Versicherung ermöglicht werden.

Man muß darauf verzichten, die Verzinsung der angesammelten Reserven ausschließlich oder größtenteils im eigenen Betriebe oder durch eigene produktive Arbeit zu bewirken. Wenn man nun die Verwaltung dieser Fonds starken erprobten Versicherungsgesellschaften überläßt, so bringt man allerdings scheinbar ein Opfer an Zinsen und verliert auch bis zu einem gewissen Grade die freie Verfügungsgewalt über den Gesamtbetrag der Rücklagen, aber die Wirkungen dieses Opfers sind von ungeheurer Tragweite und durch keine andere Maßnahme mit dem gleichen Erfolge zu erreichen. Denn die Versicherungsgesellschaft übernimmt nicht allein die Verwaltung der angesammelten Kapitalien in einer Weise, die jede Verlustgefahr ausschließt, und stellt sie in dem Augenblick zur Verfügung, wo das Unternehmen in kritischer Lage ist oder einen größeren Aufwand von Kapitalien zur Erneuerung seiner Betriebsmittel machen muß, sondern sie gewährt als Entgelt für die in der Prämie enthaltene Risikoprämie, sowie für das Opfer an Zinsen, das die vorausschauenden Unternehmer im Interesse der dauernden Rentabilität ihres Betriebes gebracht haben, Versicherungsleistungen im Falle vorzeitiger, unerwarteter Wertminderungen oder dauernder Entwertung der Objekte, die unter Versicherungsschutz stehen.

Eine „Sachwertversicherung" hätte für den Versicherungsnehmer, der sich dem freiwilligen Zwang der Zahlung einer regelmäßigen Erneuerungsquote unterwerfen würde, folgende für die Stabilisierung seines Wirtschaftsetats unersetzlichen Vorteile:

1. würde sie dazu beitragen, daß die in Frage kommenden Güter solange als möglich in voller Gebrauchsfähigkeit erhalten werden, was einen allgemeinen Gewinn für die Volkswirtschaft darstellen würde;

2. garantierte sie bis zu einer gewissen vertragsmäßig vereinbarten Mindestgrenze den aus diesen Gütern zu erzielenden Ertrag, schützte also gegen ein vorübergehendes oder dauerndes Sinken durch ungünstige Konjunkturen oder katastrophale Ereignisse aller Art, indem sie Zuschußrenten bis zur normalen Höhe des Durchschnittsertrages gewähren müßte;

3. würde sie bei völliger Entwertung des Versicherungsobjekts, die ich an anderer Stelle als ein wirtschaftliches Absterben charakterisiert habe, den vollen Erneuerungswert zur Verfügung stellen und so einen absolut störungsfreien Verlauf des Güterbildungsprozesses erreichen, ja in gewissem Sinne eine Unvergänglichkeit aller einmal geschaffenen Werte bewirken.

Was von den absterbenden Objekten unverbrauchbar wäre, müßte naturgemäß von der Reproduktionssumme in Abzug gebracht werden. Nur der vergängliche Wert also dürfte als Versicherungsobjekt gelten. Es kann nicht in der Absicht einer derartigen Einrichtung liegen, die Wertsteigerungen, die sich auf dem Wege des freien Güterverkehrs ergeben, irgendwie künstlich zu hemmen oder einzuschränken, wir wollen im Gegenteil den freien Wettbewerb aller individuellen und sozialen Kräfte in der Kapitalbildung und Kapitalvermehrung sich so intensiv wie möglich entwickeln lassen, wofern nur das unerläßliche Gebot befolgt wird, daß aus den jeweilig erzielten Roherträgen die Rücklagen ausgeschieden werden, die zum Ersatz des Minderwertes und zur Regeneration des Wertes überhaupt erforderlich sind. Eine Finanzgebahrung, die die oben entwickelten Grundsätze der Werterhaltung auf dem Wege der Akkumulation unbeachtet ließe, würde offenbar dem Endzweck jeder vernunftgemäßen Wirtschaft zuwiderlaufen.

Es kann hier auch nicht der Einwand erhoben werden, daß die Schwankungen der Marktlage solche Ausfälle hervorrufen können, daß jede regelmäßige Disposition über die an sich wünschenswerten Rücklagen durchkreuzt würde. Denn abgesehen von den Ergänzungsrenten, die, sobald die Versicherung besteht, gewährt werden und eine Höhe des Ertrages garantieren, welche zur Zahlung der Versicherungsprämien ausreichen würde, kann der allgemein als praktisch erprobte Weg eingeschlagen werden, daß man die Rücklagen in guten Jahren freiwillig vermehrt oder Vorauszahlungen macht, die für mehrere Wirtschaftsperioden ausreichen. Es wären dies nicht stille Reserven im Sinne eines gleichsam versteckten Reinertrages, sondern nur berechtigte Vorsichtsmaßregeln für den Fall unvorhergesehener Ertragsminderungen; denn es kommt natürlich eine entsprechende Anzahl von Prämien für die Folgejahre in Fortfall. Es liegt also keinesfalls ein Grund vor, gegen dieses eigenartige Kraftsparsystem mit hemmenden steuerlichen Eingriffen vorzugehen.

Die periodisch zu erneuernde Prüfung des Verkehrswertes der Versicherungsobjekte kann zweckmäßigerweise auch dazu benutzt werden, die Höhe der Rücklagen je nach Bedarf zu steigern oder herabzusetzen, denn es handelt sich ja lediglich um eine wohlerwogene Anpassung des ganzen Rücklagesystems an den voraussichtlich notwendigen Kostenaufwand des in Betracht kommenden Ersatzwertes.

Denken wir uns ein Verfahren, das bei der Bestimmung der Reservequoten das Wahrscheinlichkeitsverhältnis des Kostenaufwandes der Erneuerung richtig berücksichtigt, durchgängig in einer größeren Gütergruppe oder sogar in einer ganzen Volkswirtschaft eingehalten, so würde eine praktische Wirtschaftsverfassung erreicht werden, die sich dem Ideal der größtmöglichen Wertstabilität annähert.

So allgemein dieses Ziel zu erstreben ist, so speziell und individuell wird sich doch die Berechnung der Aufwendungen nach dem Wahrscheinlichkeitsverhältnis der Lebensdauer der einzelnen Wertobjekte gestalten. Je mehr nach dieser Richtung hin Erfahrungen gemacht und im Laufe von Generationen statistisch festgestellt und verwertet werden, desto mehr wird sich der Beobachtungskreis verdichten, auf dem die besondere Einrichtung der Sachlebensversicherung beruhen und ihre einzelnen Zweige allmählich zur Vervollkommnung entwickelt werden können.

Es ist also nicht abzusehen, welche Folgen eine solche Stabilisierung des ganzen Komplexes der wertvollen Dauergüter in einer Volkswirtschaft mit sich bringen würde, die das Prinzip dieses finanziellen Kraftsparsystems zur Geltung bringt. Als Grundlage des ganzen Aufbaus einer Güterwelt, die mit dem geringstmöglichen Aufwand von Mitteln in ihrem Bestande gesichert wird und demgemäß auch die größtmöglichen Chancen eines planmäßigen Fortschritts darbietet, würde sich dieses System gegenseitiger Beihilfe in der Erhaltung der vorhandenen Werte und in der Beschaffung ihres zukünftigen Äquivalents allen berechtigten Bedürfnissen anpassen können, ohne die Selbständigkeit der individuellen Betriebsführung irgendwie zu gefährden.

Keine Unternehmungsform dürfte sich in die Lage versetzt sehen, diese Ausdehnung des Versicherungsgedankens auf das Gebiet der Sachwerte als für ihre besonderen Zwecke ungeeignet abzulehnen. Das Recht der Sachen wird überall von der speziellen Verfassung der Betriebe, in denen sie benutzt werden, mehr oder weniger unabhängig sein. Der in ihnen lebende Wertgedanke bedarf einer dauernden Pflege und Erhaltung. Bei ganz großen Betrieben kommt für diesen Zweck die Selbstversicherung in Betracht. Sie würden dann aber dieselben Funktionen ausüben müssen, die eine größere Versicherungsgesellschaft für das in Frage kommende Gebiet der Objektsicherung als zweckmäßig herausgefunden und erprobt hat. In keinem Falle könnte auch bei vollkommener Sozialisierung eines Produktionszweiges das Gebot der Werterhaltung außer acht gelassen werden. Denn auch unter solchen Umständen würde sich die Stabilisierung der Sachgüter nur auf dem Wege eines Kraftsparsystems durchführen lassen, das die notwendigen Ersparnisse aus dem Produktionsertrage nach der Größe des Bedarfs an Materialien, Arbeitsleistungen usw. begrenzt, die zur Bestandserneuerung der dauernd nutzbaren Güter, insbesondere der Produktionsmittel, erforderlich erscheint. Besteht eine Mehrzahl von Produktions- oder Verwertungsanstalten gleicher Art, so müssen die stärkeren oder rentableren Betriebe mit einem Teil ihres Ertrages für die Erhaltung der schwächeren oder minder ergiebigen eintreten. Eine Zentralinstanz nach Art einer Versicherungsverwaltung würde also auch in diesem Falle schwerlich zu entbehren sein, weil nur sie in der Lage wäre, die auf den verschiedenen Gebieten der Sachgüterverwendung gemachten Erfahrungen systematisch zu verwerten und den angemessenen Beitrag entweder in flüssigen Mitteln oder direkt in Materialien für die Kapitalerhaltung bereitzustellen. Die Vernachlässigung dieses sozialen Bedürfnisses würde schon nach kurzer Zeit einen fortschreitenden Verfall des Produktionsgüterbestandes und damit einen dauernden Rückgang des Produktionsertrages zur Folge haben. Es wird also die Volkswirtschaft allen anderen überlegen sein, die mit allen technischen und wirtschaftlichen Mitteln dieses neue System zur Durchführung bringt, das auf die rationelle Stabilisierung aller bedeutenden Sachwerte gerichtet ist.

Zweiter Teil.

Die Geschäftsversicherung.

I. Die Sicherung der Unternehmung gegen Krisengefahr.

Ein ewiger Wechsel von Aufschwung und Niedergang, ein rhythmisches Schwanken zwischen Anspannung und Abspannung der Kräfte beherrscht das Wirtschaftsleben der Völker. In diesem Strome der Weltwirtschaft überschlägt sich die Woge der Konjunktur, sobald sie den Höhepunkt ihrer Bewegung erreicht hat, und reißt alles mit sich fort, was ihr nicht widerstehen kann. In dem Umschwung, der aus dem Aufstieg der Entwicklung zum Absturz führt, offenbart sich uns das Wesen der Krise[1]).

Von der Mehrzahl der Menschen werden diese periodisch immer wiederkehrenden Erscheinungen des Wirtschaftslebens nicht in dem Maße durchschaut, wie die Tragweite ihrer Wirkungen es erfordert. Sie werden mehr als Schicksalswendungen beklagt als bekämpft, mehr gefürchtet als abgewehrt. Unklare Vorstellungen aus Urväterzeiten von mageren Jahren, die auf die fetten folgen müssen, mögen dazu beigetragen haben, daß die Resignation so oft an die Stelle der Beobachtung, Planlosigkeit und Kraftvergeudung an die Stelle einer rationellen Vorsorge trat.

---

[1]) Vgl. Walter Fischer, Das Problem der Wirtschaftskrisen im Lichte der neuesten nationalökonomischen Forschungen. Karlsruhe 1911. Alle neueren Erklärungen der Krisenerscheinungen (Herkner, Sombart, Spiethoff, Schumpeter, Lexis u. a.) gehen übereinstimmend von der Tatsache aus, daß diese wirtschaftlichen Störungen der Produktion und des Absatzes, des Geld- und Kreditverkehrs in erster Linie aus dem Zusammenhang der allgemeinen Konjunkturbewegungen zu begreifen sind, die ihnen vorhergehen und nachfolgen. So unterscheidet auch Fischer Hausse und Baisse als die beiden chronischen Erscheinungsformen der Konjunktur und die akute Krise, welche als ein vorübergehender Vorgang „die auf die Spitze getriebene Hausse ablöst und den Umschwung zur Depression einleitet“ (S. 3). In bezug auf die nähere Beschreibung der mannigfaltigen Formen, in welchen sich jener Umschwung vollzieht, möchte ich auf den vortrefflichen Artikel Professor Herkners im Handwörterbuch der Staatswissenschaften, Bd. V, S. 413ff., II. Aufl., Jena 1900, verweisen. Aus eigenen Erlebnissen gebe ich im folgenden nur ein historisches Beispiel.

Durch diese gedankenlose Praxis ohne vorausschauenden Blick in die Zukunft ist es wohl zu erklären, daß selbst die kraftvollste Entfaltung des Wirtschaftslebens in einem durch unerschöpflichen Reichtum an Naturschätzen begünstigten Lande wie den Vereinigten Staaten nicht verhindern konnte, daß auch hier in scheinbar unabwendbarer Gesetzmäßigkeit mit elementarer Gewalt derartige Krisen hereinbrechen, sobald der rasch fortschreitende Aufschwung der Konjunktur seinen Gipfelpunkt überschritten hatte.

Bei Gelegenheit einer Reise, die mich im Jahre 1907 nach Amerika führte, konnte ich den typischen Verlauf der damals zum Ausbruch gelangenden Krise in allen ihren eigenartigen Entwicklungsstadien beobachten und erlebte dann unmittelbar nach meiner Rückkehr in die Heimat die Ausbreitung dieser Depression auf deutsche Unternehmungen, speziell auch auf die mir am nächsten stehende, das Geschäft meines Vaters.

Beim Beginn dieser Reise fand ich in sämtlichen größeren Industriezentren der Vereinigten Staaten (ebenso wie in Kanada) alle Anzeichen eines glänzenden Aufschwungs und einer aufs äußerste angespannten Tätigkeit. Die Fortschritte, die Amerika allein in dem vorhergehenden Jahrzehnt gemacht hatte, gingen über alles bis dahin Erlebte weit hinaus. Es herrschte ein unbegrenztes Vertrauen auf die Fortdauer dieser glücklichen Konjunktur, das sich in immer kühneren Kapitalsinvestierungen auf den verschiedensten Gebieten äußerte. Der bekannte Geschäftsoptimismus der Amerikaner hatte aber, ohne daß man es zunächst gewahr wurde, zu einer Überproduktion geführt, die vor allem in der übereilten Vermehrung der Produktions- und Verkehrsmittel (Maschinen, Eisenbahnen, Automobile usw.) hervortrat. Mit immer steigender Schärfe machte sich nun eine allgemeine Geldknappheit geltend, noch verstärkt durch die Machenschaften der Trusts, die sich durch ein beabsichtigtes Eingreifen der Gesetzgebung in ihrer Entwicklung beeinträchtigt sahen. Die aufs äußerste angespannten Preise der Rohstoffe und Fabrikate begannen plötzlich umzuschlagen, und damit kamen auch die übermäßig gesteigerten Börsenkurse ins Wanken.

Hierdurch erschien nun vor allem die Existenz einiger spekulativer Bankunternehmungen bedroht, welche ihre Kapitalien einseitig in bestimmten Industriekonzernen festgelegt hatten, die bereits unter den Folgen der Überproduktion litten. Als die ersten Gerüchte hiervon in die Öffentlichkeit drangen, geriet das bisher unbegrenzte Vertrauen des Publikums zu diesen Instituten plötzlich ins Wanken, und damit trat dann die Katastrophe ein, die sich wie ein Erdbeben fortpflanzte und den ganzen Wirtschaftskörper des Landes aufs tiefste erschütterte[1]).

Am 22. Oktober 1907 war ich Zeuge des bekannten Runs auf die Kassen der Knickerbocker Trust Company in Newyork, bei dem die geängstigten Sparer sich dicht gedrängt mehrere Häuserblocks entlang aufstellten, um ihre Einlagen abzuheben. Nach Auszahlung von Beträgen, auf deren Umfang die Geschäftsleitung noch am Tage zuvor kaum gefaßt sein konnte (man bezifferte sie auf ca. 8 Millionen Dollars), schlossen sich vor einem zufällig Betroffenen für immer die Türen. Zwar waren noch spätere Rückzahlungen in Aussicht genommen, aber es stellte sich nach einigen Monaten heraus, daß die effektiv vorhandenen Reserven und greifbaren Mittel in keiner Weise ausreichten, um den plötzlichen Ausfall an Einnahmen und die starke Entwertung der angekauften Effekten einigermaßen auszugleichen.

Der ergreifende Eindruck, den diese Ereignisse damals auf mich ausübten, verstärkte sich noch durch persönliche Erfahrungen in dem Kreise des deutschen Handelsgeschäfts. Die seit Jahrzehnten wohlfundierte Unternehmung meines väterlichen Getreideexportgeschäfts zu Königsberg i. Pr. war durch einen einzig dastehenden Preissturz in Getreide und Hülsenfrüchten mit großen Verlusten bedroht[2]). In dieser gefährlichen Zeit erfolgte der Tod meines Vaters, das Ausscheiden des Sozius und darauf die unvorhergesehene Kündigung der bedeutenden Bankkredite, über die das Geschäft bisher ohne Einschränkung zu disponieren pflegte. Die Rückzahlung der Kredite war bei der schweren Verkäuflichkeit und dem gesunkenen Werte des Lagers mit erheblichen Vermögensverlusten verbunden, die bei größerer Liquidität der im Geschäfte arbeitenden Reserven wohl hätten vermieden werden können. Unter diesen Umständen bedurfte es der größten Umsicht und Energie, um die Firma überhaupt aufrecht zu erhalten. Wäre aber z. B. die vorhandene Lebensversicherung des Geschäftsinhabers

---

[1]) Vgl. Adolf Hasenkamp, Die wirtschaftliche Krise des Jahres 1907 in den Vereinigten Staaten von Amerika. Jena 1907, S. 13ff.

[2]) So sank z. B. der Preis der Linsen in wenigen Wochen von ca. 650 auf 150 M. per 1000 kg.

in einer dem Umfange des Unternehmens angemessenen Höhe kontrahiert worden, so wäre die Firma wohl in der Lage gewesen, die Veräußerungen ihrer Bestände ganz oder teilweise auf einen günstigen Zeitpunkt hinauszuschieben, oder man hätte für den ausscheidenden Teilhaber eine Ersatzkraft gewinnen können, die im Vertrauen auf die wiederhergestellte Liquidität der Firma sich mit neuem Kapital beteiligte.

Der allgemeine Eindruck, den ich auf Grund dieser persönlichen Erfahrungen gewann, war zunächst der, daß jeder Betriebsleiter in erster Linie darauf bedacht sein müsse, Mittel und Wege zu suchen, um seine Unternehmung durch rechtzeitige Abschreibungen und sofort greifbare Rücklagen in sich zu festigen und sie dadurch von unvorhergesehenen Ereignissen, Schwankungen der Marktlage oder plötzlichen individuellen Katastrophen möglichst unabhängig zu machen. Es erschien mir damals aussichtslos, nach Maßnahmen zu suchen, durch die man etwa direkt und unmittelbar in den Verlauf der allgemeinen Entwicklung, die zu Wirtschaftskrisen führt, eingreifen oder gar auf die Dauer ihr periodisches Eintreten verhindern und überwinden könnte. Erst durch weiteres Nachdenken über die Erlebnisse der amerikanischen Krisis und die eingehendere Beschäftigung mit der einschlägigen Literatur kam ich zu der Überzeugung, daß die wirtschaftliche Existenz des Einzelbetriebes durch seine enge Verflechtung in die volks- und weltwirtschaftlichen Zusammenhänge schon von Beginn seiner Entwicklung an so stark gefährdet ist, daß die isolierte Spartätigkeit des auf seine eigene finanzielle Kraft angewiesenen Unternehmers niemals oder doch mindestens erst nach einer längeren Periode relativ glücklichen Fortschreitens den gewünschten Erfolg der vollständigen Sicherstellung erreichen kann. Ich stellte mir nun die Aufgabe, die organisatorischen Einrichtungen zu prüfen, durch welche man mit Hilfe einer Konzentration der wirtschaftlichen und finanziellen Kräfte die Widerstandsfähigkeit der in gleicher Lage befindlichen Unternehmungen zu erhöhen und ihren wirtschaftlichen Existenzkampf zu erleichtern suchte.

In erster Linie kommen hier wohl nach obwaltender Überzeugung die Kartellverbände der Unternehmer in Betracht, die eine rechtzeitige Anpassung der Produktion an die jeweilige Marktlage erstreben und dem Sinken der Preise bei allgemeiner Depression entgegenwirken. So wenig nun auch die Vorzüge einer solchen einheitlichen Organisation des Absatzes und der damit mehr oder weniger verbundenen Beschränkung der zügellosen Konkurrenz durch rationelle Kontingentierung der Produktion zu verkennen sind, so unsicher erschien mir doch der Erfolg solcher Kartelle[1]) in bezug auf die rechtzeitige Einschränkung von Betriebserweiterungen und Neugründungen in der Zeit der Hochkonjunktur, die alle beteiligten Kreise zu schrankenlosem Optimismus fortzureißen pflegt. Selbst wenn man zugibt, was ich nicht ganz bestreiten möchte, daß eine Milderung der Krisen in bezug auf die allgemeine Preisbewegung auf diesem Wege erreichbar ist, wird man doch nicht behaupten können, daß die akute Notlage, in welche der Einzelbetrieb durch den finanziellen Zusammenbruch seiner Abnehmer, Lieferanten oder Kreditgeber hineingezogen wird, durch jene Verbände in irgendeiner speziellen Hilfsaktion zur Stärkung seiner Kapitalkraft gelindert und gehoben werden kann.

Wirksamer erscheint demgegenüber das Eingreifen der Banken, und besonders der Zentralnotenbanken in den natürlichen Verlauf der Konjunkturbewegungen. Bekanntlich ist es bei uns die Reichsbank, welche, zum Teil unterstützt von den übrigen Großbanken, in Zeiten der beginnenden Hochkonjunktur die Rolle des Warners übernimmt. Sie vermag, wie Herkner ausführt[2]), durch eine besonnene Diskontpolitik die Überproduktion zu zügeln und eine gefährliche Verminderung des Edelmetallbestandes zu verhindern. Aber auch dieses Mittel genügt ebensowenig wie die Vorsichtsmaßnahmen der Kartelle oder Warnungen der Börsenvorstände, um die Ausschreitungen der Spekulation völlig einzudämmen und übermäßige Neuanlagen, Preistreibereien usw. von seiten einzelner unbesonnener Elemente unmöglich zu machen. Wenn dann die Krise hereinbricht, kann eine durchgreifende Hilfe auch von seiten der leistungsfähigsten Banken doch immer nur solchen Einzelunternehmungen gewährt werden, die durch erhebliche Reserven bereits bis zu einem gewissen Grade in ihrer finanziellen Existenz gesichert sind oder durch hervorragende individuelle Tüchtigkeit ihrer Leiter besonders günstige Chancen darzubieten scheinen.

---

[1]) Vgl. auch das skeptische Urteil von Arthur Spiethoff, „Vorbemerkung zu einer Theorie der Überproduktion", Schmollers Jahrbuch für Gesetzgebung, Verwaltung und Volkswirtschaft, Jahrgang 26, Bd. II, S. 302.

[2]) Handwörterbuch der Staatswissenschaften, Bd. V, S. 419.

Das Maß der sozialen Unterstützung hängt also nach wie vor von der inneren Lebenskraft der Unternehmung ab.

Oft ist von sachverständigen Beurteilern darauf aufmerksam gemacht worden, daß die gesetzlich vorgeschriebenen Reservefonds der Aktiengesellschaften usw., auch wenn sie ihre volle Höhe erreicht haben, keineswegs ausreichen, um größere Verluste, wie sie in Krisenzeiten einzutreten pflegen, auch nur einigermaßen zu decken. Ähnliche Erfahrungen hat man auch im Jahre 1907 in den Vereinigten Staaten gemacht, und hier waren es vor allem die Mängel der bestehenden Bankorganisation, welche dann später einen großen organisatorischen Fortschritt erzwangen. Man erkannte alsbald, daß die heftige Ausbreitung der Krise vor allem deswegen so verhängnisvoll wurde, weil die Newyorker Banken nicht in der Lage waren, nach den ersten größeren Zusammenbrüchen durch rasche Bereitstellung flüssiger Mittel den bedrohten Unternehmungen zu Hilfe zu kommen.

Zunächst wurde nun im Jahre 1908 im Staate Newyork eine Reihe von Gesetzen erlassen, die sich gegen die hauptsächlich in der Krisenzeit hervorgetretenen Mißstände richteten[1]). Für die Staatsbanken und Trustkompanies wurde eine Barreserve von 15 resp. 25% vorgeschrieben (letztere als Bedingung für die Mitgliedschaft beim Clearinghouse). Ungefähr gleichzeitig begann man mit den Vorbereitungen zu einer einheitlichen Bundesreform auf dem Gebiete des Notenbankwesens durch Einsetzung der sogenannten National Monetary Commission. Die Vreeland-Aldrich Currency Bill vom 30. Mai 1908 ermächtigte die Nationalbanken, die in großer Anzahl über das ganze Bundesgebiet verstreut waren, zu der freiwilligen Organisation von Bezirksverbänden, den sog. National Currency Associations, unter deren Garantie Notstandsnoten mit erleichterten Deckungsvorschriften bis zum Gesamtbetrage von 500 Millionen Dollars ausgegeben werden durften. Bei den einzelnen Nationalbanken sollte der Nennwert des Notenumlaufs nicht über 30% von Grundkapital und Reserven hinausgehen, 20% Rücklagen wurden in jedem Falle als Bedingung dieser Notenausgabe gefordert.

Weit einschneidender waren die Bestimmungen des Federal

[1]) Über die Reservevorschriften vgl. Banking Law Journal, Bd. 25, S. 421ff. und 337ff.

Reserve Act vom 23. November 1913[1]). An Stelle der freiwilligen Bezirksvereinigungen wurden jetzt zwölf Federal Reserve Banks eingerichtet, denen alle Nationalbanken als Mitglieder beitreten mußten. Unter Aufsicht einer Zentralinstanz, des Federal Board, geben sie nach einheitlichen Grundsätzen Banknoten aus, die durch diskontfähige Wechsel in gleichem Betrage und eine Goldreserve von 40% gedeckt sind. Vorbehalten ist allerdings eine Milderung oder Aufhebung der Bardeckungsvorschriften in Krisenzeiten, damit die Zentralbanken dann in der Lage sind, die im Geld- und Zahlungsverkehr sich ergebenden Lücken durch verstärkte Kreditgewährung auszufüllen, ohne die bei ihnen hinterlegten Barreserven der Nationalbanken anzugreifen. Auch die Staatenbanken und Trustkompanies dürfen diesen Bundesreservenbanken beitreten. Bedingung ist, daß jedes Mitglied Rücklagen in Höhe von 5—18% seiner Depositen bereit hält und bestimmte Prozentsätze davon bei den Zentralinstituten anlegt, an denen es außerdem mit einem Teil seines Kapitals und seiner Reserven (6%) beteiligt ist. Durch das allmähliche Erlöschen des Notenrechts der Nationalbanken gewinnt dieses eigenartige nationale Reservesystem, dem auch die Industrieunternehmungen in gewisser Weise durch ihre Depositen angegliedert sind, mehr und mehr an Bedeutung. Man könnte es als eine stufenweise Konzentration der im Einzelbetriebe verfügbaren Rücklagen an den Zentralstellen des Geld- und Kreditverkehrs charakterisieren, die den Zweck verfolgt, ein den praktischen Bedürfnissen entsprechendes Sicherungsmittel gegen plötzlich hereinbrechende Krisen zu schaffen. Es fragt sich, ob sich diese hier nur annäherungsweise erfaßte Idee, eine Reihe von ineinandergreifenden sozialen Reservenverwertungsanstalten zur gegenseitigen Kreditsicherung ins Leben zu rufen, sich nicht auch noch auf anderem Wege, nämlich auf dem der Versicherung, mit besserem Erfolge verwirklichen läßt.

Den ersten Schritt nach diesem Ziele hin stellt nach meiner Meinung schon die seit Beginn unseres Jahrhunderts in den Vereinigten Staaten gangbare Einrichtung der Partners Insurance (Sozien- oder Teilhaberversicherung) dar, die ich bei Gelegenheit meiner oben erwähnten Reise kennen lernte. Sie ist allerdings ursprünglich weniger zu dem Zweck begründet worden, ein Schutz-

[1]) Vgl. den Aufsatz über die amerikanische Bankreform von L. Bendix und Dr. J. Jastrow im Jahrbuch für Nationalökonomie und Statistik, Jena 1914.

mittel gegen allgemeine Wirtschaftskrisen für die durch sie gesicherten Unternehmungen darzubieten, aber sie trägt indirekt doch erheblich dazu bei, den Kredit des Unternehmers zu stärken, und kann, wie ich im folgenden darlegen möchte, bei entsprechender Größe des Deckungskapitals (in Form der gemischten Lebensversicherung) auch als eine Art Spezialreserve für außerordentlichen Geldbedarf in Krisenzeiten dienen. In den Vereinigten Staaten war es wohl vor allem die reine Risiokoversicherung, die mit ihrem eigenartigen Spekulationsmoment die Freude an dieser Einrichtung erweckte. Man sah darin zunächst eine Art Spiel, eine „wunderbare" geschäftliche Gewinnchance in der sofortigen Sicherstellung der Privatunternehmung gegenüber den möglichen Ausfällen beim Tode eines Teilhabers. An die Konsequenzen einer weiteren Durchbildung und Verallgemeinerung dieser Versicherungsart dachte man noch nicht. Um ihre ganze Tragweite auch nach dieser Richtung hin zu zeigen, möchte ich im folgenden näher darauf eingehen, wie es zur Verbreitung der Geschäftsversicherung in Deutschland gekommen ist, und welche Ergebnisse auf dieser Grundlage bereits erzielt oder noch zu erwarten sind.

II. Die Praxis der Geschäftsversicherung.

Die partners insurance, die in den Vereinigten Staaten bei zahlreichen Privatunternehmungen mit mehreren Teilhabern Einführung gefunden hat, schien mir von dem Augenblick an, in dem ich sie kennenlernte, ein vorzügliches Mittel zu sein, um die Gefahren und Nachteile auszugleichen, die dem Betriebe infolge des Alterns oder des Todes eines seiner Leiter erwachsen können. Daß die Prämien aus den laufenden Einnahmen des Geschäftes bestritten werden, rechtfertigt sich durch die Größe dieser Gefahren, die unter Umständen den Fortbestand des ganzen Unternehmens in Frage stellen. Mit dem plötzlichen Ausscheiden eines bewährten Betriebsleiters tritt nicht nur ein Ausfall an schwer zu ersetzenden Arbeitsleistungen ein, sondern auch der Verlust einer Summe von Kenntnissen und geschäftlichen Erfahrungen, die für die Unternehmung einen hervorragenden objektiven Wert darstellen, der in vielen Fällen schwerer ersetzlich sein wird, als andere Wertobjekte. Hierzu kommt ferner die Gefahr einer unvorhergesehenen Kapitalentziehung durch Rückzahlung von Einlagen an die Erben, und die Schwierigkeit, unter solchen Umständen, die die Liquidität und Kreditfähigkeit des Geschäfts bedrohen, rechtzeitig neue Teilhaber zu finden.

In den Vereinigten Staaten wird die partners insurance in der Regel so angewandt, daß die Teilhaber sich durch eine reine Todesfallversicherung, die über das verbundene Leben der Sozien läuft, zugunsten ihres Geschäfts gemeinsam versichern. Stirbt also einer der Inhaber, gleichviel wer zuerst ablebt, so wird die versicherte Summe an die Unternehmung ausgezahlt, womit die Versicherung dann ihr Ende erreicht hat. Die Firma kann demgemäß die Erben des Verstorbenen aus der Versicherungssumme abfinden und ist dadurch gegen die oben erwähnten Gefahren sichergestellt.

Da nun die Vorteile dieser Einrichtung in Deutschland noch nicht erkannt und erprobt waren, so lag es nahe, für ihre Einführung und weitere Durchbildung einzutreten. Es waren hierbei trotz der Einfachheit und Klarheit des vorliegenden amerikanischen Musters[1]) mannigfache praktische Schwierigkeiten zu überwinden. Nur allmählich gelang es, in einem weiteren Kreise von Interessenten Verständnis für diese neue Versicherungsart zu erwecken, die eine so eigenartige Mittelstellung zwischen Schaden- und Personenversicherung einnimmt. Erst unter dem Einfluß der großen Erschütterungen, welche die Ereignisse des Weltkrieges für zahlreiche Unternehmungen mit sich brachten, kam überall die Einsicht zum Durchbruch, daß es sich hier um eine praktische Idee von großer wirtschaftlicher Tragweite handelt, deren Bedeutung auf die Dauer kein Unternehmer verkennen kann.

Da stets die Gefahr besteht, daß die persönliche Arbeitskraft des Betriebsleiters ebenso wie das Kapital, welches er der Unternehmung zur Verfügung stellt, im Falle seines Todes dem Geschäfte verlorengeht, so muß für die hiermit eintretende Wertminderung rechtzeitig ein Ausgleich geschaffen werden, um im Bedarfsfalle das notwendige Deckungskapital disponibel zu machen. Man kann also die zu diesem Zweck erfolgenden Prämienzahlungen als eine Art Amortisation oder Abschreibung auffassen, deren zweckmäßige Begrenzung sich einerseits aus dem Ertragswert jener Arbeitskraft, andererseits aus der Größe der rückzahlbaren

---

[1]) Vgl. die Antragsformulare und Policen der Chicago Life Insurance Co. und der New York Life Insurance Co., welche diesen Versicherungszweig vorwiegend betreiben.

Kapitaleinlage des Teilhabers oder Inhabers der Unternehmung ergibt.

Wie man auf alle Sachgüter, die im Produktionsprozeß Verwendung finden, je nach dem Grade ihrer Abnutzung Abschreibungen macht, um für ihre Ersetzung ein entsprechendes Kapital bereitzuhalten, so wird hier gleichsam auf den persönlichen Wertfaktor (den menschlichen Körper, der sich mit den Jahren abnutzt) eine Abschreibungsquote zurückgelegt, und zwar dergestalt, daß ein gewisses Äquivalent desselben in Geld durch Anhäufung von Prämien bis zu dem Betrage der Versicherungssumme für die Unternehmung verfügbar wird. Hierdurch allein wird es möglich, den mannigfachen materiellen und ideellen Verlusten vorzubeugen, die durch den Tod eines ausscheidenden Teilhabers entstehen können. Die der Firma zur Verfügung gestellte Versicherungssumme kann die Möglichkeit darbieten, erfahrene und kenntnisreiche Kräfte als Ersatz heranzuziehen, unter Umständen auch solche, die finanziell weniger leistungsfähig sind als ihre Vorgänger. Auch für den Fall der Trennung von Sozien kann durch ein auf die Police aufzunehmendes Darlehen der Firma ein bestimmter Betrag zur Verfügung gestellt werden.

Je länger die Versicherung in Kraft ist, um so mehr kann sie auch bei materiellen Risiken anderer Art zur Stärkung der Unternehmung beitragen. Ein großer Teil des Prämienreservefonds ist stets für Darlehnszwecke disponibel, so daß die in normalen Zeiten zurückgelegten Summen in ungünstigen Zeiten der Firma gegen mäßigen Zinsfuß (5%) wieder zufließen können. Wird zur Ausdehnung der Geschäftstätigkeit ein Bankkredit in Anspruch genommen, so bietet der Zeitwert der Police eine reale Grundlage zur Stärkung des Vertrauens; auch kann der Versicherungsschein direkt als Unterpfand bei Aufnahme von Personalkredit Verwendung finden[1]).

Förderten alle diese Vorteile bei sachgemäßer Erläuterung die Verbreitung der Geschäftsversicherung, so ergab sich andererseits die praktische Aufgabe, sie den in Deutschland gangbarsten Ver-

---

[1]) Hierdurch würde es auch möglich sein, die zum Teil recht anfechtbaren Sicherungsübereignungen von Warenlagern zu vermeiden, die durch den jetzt oft herrschenden Mangel an greifbaren Reserven notwendig werden. Hierzu vergleiche insbesondere: Hoeniger, Die Sicherungsübereignung von Warenlagern, und Conrad Hellwig, Gläubigernot (Berlin 1912).

sicherungsformen anzupassen und sie möglichst allen Arten von Geschäftsunternehmungen zugänglich zu machen.

Neben der Form der reinen Todesfallversicherung mit abgekürzter oder dauernder Prämienzahlung war nun vor allem die sogenannte gemischte Versicherung auf den Ab- und Erlebensfall für diesen Zweck heranzuziehen. Technisch ist dies in der Weise ausführbar, daß man das Alter der Teilhaber kombiniert und das sogenannte „ausgeglichene Alter" berechnet. Hierauf konnte man dann die Normaltabelle mit den üblichen Prämien der Gesellschaften zur Anwendung bringen[1]).

Die gemischte Versicherung, welche bei Lebzeiten des oder der Inhaber spätestens nach Ablauf einer im voraus bestimmten Anzahl von Jahren auszahlbar ist, hat praktisch ihre besondere Berechtigung und ihren guten Sinn. Wenn der Organismus eines arbeitenden Menschen im Alter abgenutzt ist und nicht mehr in der Weise produktiv tätig sein kann, wie einst im Vollbesitz der Kräfte, so tritt als Ersatz für die verminderte Arbeitskraft oder deren Erträge die Versicherungssumme ein und bietet eine neue Einnahmequelle dar (schafft ihm an Zinsen, was er früher aus eigener Kraft gewann). Fällt diese Zusatzrente der Unternehmung zu, so begründet sie naturgemäß eine erwünschte Mehreinnahme gegenüber den sonst vorhandenen Ausfällen.

Bei der Bestimmung der Versicherungsdauer und Versicherungsart wird jeder Unternehmer ungefähr abzuschätzen haben[2]), wie lange er nach menschlicher Voraussicht noch arbeitsfähig sein dürfte, und danach den Auszahlungstermin bei Lebzeiten festsetzen.

Auch die zu wählende Höhe der Versicherungssumme wird in erster Linie von solchen Erwägungen abhängen, die sich auf den voraussichtlich noch vorhandenen Nutzungsrestwert der Person des Unternehmers beziehen. Aus den subjektiven Faktoren einer Unternehmung läßt sich so gewissermaßen ein kapitalisierter Nutzwert errechnen. Denn im Hinblick auf das Geschäft gibt es in diesem Sinne eigentlich nur objektive Werte. Es wird zwar in

---

[1]) Das ausgeglichene Alter liegt stets noch über dem Alter des ältesten Teilhabers, weil das Gesamtrisiko durch das Hinzutreten eines, wenn auch jüngeren, so doch eo ipso das des ältesten erschwerenden Risikos erhöht wird.

[2]) Eventuell unter Heranziehung des Vertrauensarztes der Versicherungsgesellschaft.

seiner Gesamtheit durch die Initiative der persönlichen Leiter zusammengehalten, aber nicht allein ihre Führerschaft und Arbeitskraft, sondern auch die durch den ganzen Komplex von subjektiven Einflüssen auf die mehr materiellen Geschäftsbestandteile sich äußernde Vertrauenswürdigkeit, Solvenz und Liquidität, der Ruf und das Ansehen der Firma sind objektive Werte, die in der Versicherungssumme einen zahlenmäßigen Ausdruck finden können. Daß man für so integrierende Teilwerte des Unternehmens bisher nicht entsprechende Reserven in Rechnung brachte, ist nur ein Beweis dafür, wie wenig man eigentlich nach dieser Richtung planvolle Überlegungen angestellt hat.

Die Teilhaberversicherung kann auch mit Invaliditätsversicherung und mit einer zusätzlichen Rente für den Invaliditätsfall abgeschlossen werden. Da die Arbeitsunfähigkeit des Betriebsleiters, wie wir sahen, eine die Unternehmung selbst bedrohende Gefahr darstellt, so sind für diesen Fall besondere Aufwendungen gerechtfertigt. Unter Umständen ist es zweckmäßig, eine Zusatzrente auch für den Todesfall zu vereinbaren, wenn die Unternehmung durch vorzeitigen Verlust ihres Inhabers materiell oder ideell besonders stark geschädigt würde.

War nun die Teilhaberversicherung in allen diesen Formen zur Ausbildung gelangt, so ergab sich die weitere Aufgabe, sie durch bestimmte Modifikationen der Vertragsform nicht nur für die offene Handelsgesellschaft, bei der sie zuerst Anwendung fand, sondern auch für alle anderen Arten von Gesellschaftsunternehmungen (G. m. b. H., Kommanditgesellschaften, stille Teilhaber usw.) anwendbar zu machen. In allen diesen Unternehmungsformen hat die Teilhaberversicherung auch unter dem Namen Geschäftsversicherung heute Einführung gefunden, besonders da, wo bei kleiner Gesellschafterzahl die Form der Gesellschaft als juristische Person an Stelle der offenen Handelsgesellschaft mehr aus Gründen der Zweckmäßigkeit (Beschränkung der Gefahr, Steuerinteresse, leichtere Veräußerbarkeit, insbesondere im Erbfalle durch die Erben usw.) gewählt wurde. Bei den Aktiengesellschaften, die an der Person ihrer Aktionäre kein wesentliches Interesse haben, hat die Geschäftsversicherung noch nicht so starken Anklang gefunden. Doch kann in Fällen, in denen Hauptaktionäre zugleich Direktoren der Aktiengesellschaft sind, oder bei den sogenannten Familienaktiengesellschaften die Geschäftsversicherung zweckdienliche Anwendung finden. Auch die wertvollen Angestellten oder Leiter (Direktoren, Prokuristen, Betriebsführer usw.), die eine Art Unternehmerfunktion ausüben, können für die Geschäftsversicherung als Objekte in Frage kommen.

In letzter Zeit machte sich auch bei Gesellschaften und Gemeinschaften des bürgerlichen Rechts (verbündete Ärzte, Anwälte, Haus- und Grundbesitzer) ein wachsendes Interesse für diese Einrichtung bemerkbar. In großer Zahl haben schließlich selbst Einzelfirmen, die die Tragweite dieser wirtschaftlichen Maßnahme einsahen, die bisherige Gewohnheit durchbrochen und an Stelle oder neben der Lebensversicherung des Inhabers als Ernährers zugunsten seiner Familie, die stets ihre Berechtigung behalten wird, auch noch eine Versicherung zugunsten ihres Geschäfts abgeschlossen. Man hat besonders in diesem Falle die Versicherung im Gegensatz zur Familienversicherung eine „Geschäftsversicherung" genannt; vornehmlich unter diesem Terminus technicus hat sich diese Versicherungsform als Einzel- und Teilhaberversicherung nunmehr in Deutschland verbreitet. Bestimmte Aussicht besteht, daß sich wohl besonders unter dem Einfluß des Weltkrieges die Teilhaber- oder Geschäftsversicherung immer mehr zu einem Handelsbrauch herausbildet[1]). Zu der noch fortschreitenden Entwicklung der Geschäftsversicherung gaben noch andere, mehr aktuelle Momente die Veranlassung:

Die Gewinne, die während des Krieges bei Privatunternehmungen der meisten Handels- und Industriezweige durch die Wertsteigerung von Gütern, insbesondere beim Verkauf der Warenlager, in Erscheinung traten, machten eine vorsichtige Anlage, aber auch einen Schutz vor zu starker und damit schadenbringender steuerlicher Inanspruchnahme zur Notwendigkeit. Einerseits waren die Erträge zum Teil Scheingewinne (rein buchmäßige, fiktive) durch die Entwertung des Geldes, Räumung von Lagern

---

[1]) Die nebenstehende Statistik gewährt einen Überblick über den Anteil der verschiedenen Unternehmungsformen an der Geschäftsversicherung im Bestande einer Versicherungsgesellschaft, die diesen Zweig zum Spezialgebiet gewählt hat. Über die durchschnittliche Höhe der Versicherungssummen und den prozentualen Anteil der verschiedenen Unternehmungsformen an dem Gesamtbestande ergeben sich bemerkenswerte Aufschlüsse.

Die Höhe der durchschnittlichen Versicherungssumme ist ein Beweis dafür, daß es sich hier in der Regel um weit höhere Abschlüsse handelt als bei der privaten Lebensversicherung.

usw. bedingt, andererseits keine dauernden Gewinne, da die veräußerten Warenbestände später ergänzt werden und dann neue Vorräte der Preissteigerung der Rohstoffe entsprechend um ein Vielfaches teurer wieder eingekauft werden müssen. Die aus dem Kriege etwa übriggebliebenen Restbestände und Lager konnten einer nicht übersehbaren Entwertung bei Friedensschluß unterworfen sein. Schließlich mußten auch Privatunternehmungen aller Art für die Übergangswirtschaft, sowie für Neuanschaffungen

Statistik über Geschäftsversicherung bei einer Gesellschaft bis März 1919.

Von dem Bestande entfallen auf:

	Nach der Zahl der Abschlüsse in %	Nach dem Anteil an der Gesamtversicherungssumme in %
Einzelfirmen	38,66	41,30
Offene Handelsgesellschaften	45,71	47,39
Ges. m. b. H.	12,86	10,87
Kommanditgesellschaften	2,87	0,44

Von dem Bestande entfallen:

	In % der Zahl der Abschlüsse	% der Gesamtversicherungssumme
auf Versicherung . . . . . . bis 10 000,— M.	1,43	0,47
„ „ . . . . . . „ 50 000,— „	28,57	7,39
„ „ . . . . . . „ 100 000,— „	35,71	26,09
„ „ . . . . . . „ 500 000,— „	28,33	40,74
„ „ . . . . . . über 500 000,— „	5,96	25,31

Die durchschnittliche Versicherungssumme beträgt:

bei dem Gesamtbestande	**164 286,—** M.
bei Einzelfirmen	176 111,— „
bei offenen Handelsgesellschaften	170 000,— „
bei Gesellschaften m. b. H.	139 000,— „
bei Kommanditgesellschaften	25 000,— „

	In %
Von den Abschlüssen bezogen sich auf ein Leben	50,28
„ zwei „	45,70
„ drei „	4,02

während des Krieges abgenutzter oder veralteter oder nur für Kriegszwecke brauchbarer Maschinen und Utensilien stille Reserven schaffen, und die Unternehmer selbst hatten während des Krieges durch Überanstrengung an Körper- und Nervenkraft eingebüßt, ganz abgesehen von der gerade für jüngere Personen unverhältnismäßig vergrößerten Todesgefahr im Kriege. Alle diese Umstände machten die Zurücklegung möglichst ausreichender Reserven zum dringenden Gebot. Diese der Abnutzung der Produktionsmittel, dem Verbrauch des Betriebskapitals, der Entwertung der Warenbestände usw. entsprechenden Rücklagen sind zur Sicherung des Bestandes der Unternehmung unentbehrlich und können, insofern sie für Entrichtung von Versicherungsprämien zur Erhaltung des Geschäftswertes verwandt werden, zweckmäßigerweise auch nicht als Gewinne im eigentlichen Sinne betrachtet und zur Besteuerung herangezogen werden.

Für Aktiengesellschaften hat in seinen unlängst erschienenen Beiträgen zum Aktienrecht[1]) Justizrat Albert Pinner die Formel geprägt: „Reserven und Unterbewertungen sind nicht anfechtbar, soweit die Verwaltung unter Zustimmung der Generalversammlung mit der Sorgfalt eines ordentlichen Kaufmanns zu der Ansicht kommt, daß die Reserve richtig ist, um die Gesellschaft für die Zukunft solide und widerstandsfähig zu erhalten und sie gegen zu erwartende Gefahren oder Verluste zu stärken."

Diesen Grundsatz muß man, rein sachlich betrachtet, für jede Gesellschaft, ja für jeden Kaufmann als richtig anerkennen. Inwieweit ist nun die Teilhaber- oder Geschäftsversicherung geeignet, diesem Grundsatz gerecht zu werden und einer zweckmäßigen steuerlichen Belastung vorzubeugen? Sie trägt zweifellos dazu bei, die Gesellschaft stark und widerstandsfähig zu erhalten, indem sie einen Kapitalersatz schafft, der den Betrieb von dem persönlichen Schicksal der Inhaber unabhängig macht.

Bleibt die Höhe der Versicherungssumme in rationellem Verhältnis zu dem Geschäftsumfange (Einlagekapitalien, Umsätze usw.), so müßte sie ihrer ganzen Natur nach als steuerlich nicht anfechtbare Reserve gelten.

Die Frage aber, ob die Prämien der Teilhaberversicherung Werbungskosten im Sinne des § 8 I des Preußischen Einkommensteuergesetzes und als solche vom steuerpflichtigen Einkommen

[1]) Berlin 1918, S. 31.

abziehbar sind, ist eine offene[1]). Da nun aber eine recht große Anzahl kleinerer und größerer Unternehmungen des ganzen Reiches sich der Teilhaber- bzw. Geschäftsversicherung in großem Umfange bedient haben, ist es wohl geboten, einer im volks- und privatwirtschaftlichen Sinne zweckentsprechenden und gerechten Entscheidung vorzuarbeiten. Es wird von der Wissenschaft vor allem zu untersuchen und zu beweisen sein, daß es sich bei der Geschäftsversicherung nicht um eine Lebens-, Kapital- oder Rentenversicherung im üblichen Sinne, sondern mehr um eine Art Schadens- oder Sachversicherung handelt.

III. Grundsätzliche Betrachtungen über die Werterhaltung der Unternehmung.

Es ist ein großer prinzipieller Fortschritt in der wirtschaftlichen Entwicklung, der durch die Einführung der Geschäftsversicherung angebahnt wird. Denkt man sich die Institution allgemein in weitem Umfange durchgeführt, so stellt sie eine finanzielle Organisation von großer Vollkommenheit dar. Man muß hier zwei Gesichtspunkte unterscheiden: das privatwirtschaftliche Interesse der Unternehmer und das volkswirtschaftliche Gesamtinteresse.

Wie wir oben ausgeführt haben, wird durch die planmäßige Schaffung von Rücklagen, die den Kapitalbesitz des Unternehmens stärken, ein Fonds gebildet, der durch die Versicherungsgesellschaft gegen jede Verlustgefahr sichergestellt ist und doch in kritischer Zeit als Ausgleichsfonds und Kreditunterlage herangezogen werden kann, um eine gleichmäßige Rentabilität der Unternehmungen zu sichern.

Freilich sind es nicht so sehr diese vorübergehenden Schwankungen des Ertrages, gegen die die Geschäftsversicherung Abhilfe schaffen soll, als vielmehr die großen, dauernd latenten Gefahren, die den Bestand des Unternehmens bedrohen.

---

[1]) Wir müssen uns im Rahmen dieser wirtschaftlichen Arbeit darauf beschränken, hier auf juristische Gutachten zu verweisen, die insbesondere Justizrat Mankiewitz, Berlin, Rechtsanwalt Kämmerer, Hamburg, und Justizrat Franz Heinitz, Berlin, ausgearbeitet haben. Auch sei der Aufsatz von Dr. Hans Brinkmann über die Teilhaberversicherung in der Zeitschrift für Versicherungswissenschaft (Schriftleiter Prof. Dr. Alfred Manes, Berlin) vom 1. Juni 1916, Bd. 16, Heft 4, erwähnt. Alle mir bekannten juristischen Gutachten sprechen sich sowohl in bezug auf das preußische, wie auf das hamburgische Steuerrecht für die Abzugsfähigkeit der Prämien von der Einkommensteuer aus.

Die Triebkraft, die Seele des Unternehmens ist die Person des Inhabers, der mit allen seinen Kräften auf dessen Gedeihen bedacht ist. Indem nun für diesen unersetzlichen Wert ein finanzielles Äquivalent geschaffen wird, wird der Bestand des Unternehmens über die persönliche Existenz des jeweiligen Inhabers hinaus sichergestellt, und hierin liegt nicht nur ein großer privatwirtschaftlicher Vorteil für die weiterhin in Betracht kommenden Fortsetzer des Betriebes, sondern auch ein großer volkswirtschaftlicher Nutzen. Wir finden uns hier in Übereinstimmung mit dem Grundgedanken unserer Handelsgesetzgebung, der nach dem Urteil hervorragender Juristen[1]) auf den **dauernden** Schutz der Unternehmung gerichtet ist. Mit Recht sagt daher Karl Lehmann in seinem Aufsatz: „Schutz und Erhaltung kaufmännischer Unternehmungen im deutschen Handelsrecht"[2]), daß es sich hierbei nicht allein um die Person des Unternehmers handelt, sondern um die zahlreichen Interessen, die sich an das Unternehmen knüpfen, die der Gläubiger und Schuldner, der Angestellten und Arbeiter, kurzum den Wohlstand der ganzen Nation. Es liegt hierin „der wirtschaftliche Gedanke, daß ein größeres Unternehmen seinen Schöpfer zu überleben nicht nur bestimmt ist, sondern auch um der Allgemeinheit willen verdient, daß der Prinzipal auch, wo er Einzelkaufmann ist, wirtschaftlich mehr den ersten Diener in dem großen Betriebe des Unternehmens darstellt, als seinen eigentlichen Zweckmittelpunkt". Mit der Firma verknüpfen sich gesellschaftliche Beziehungen sowie der Ruf des Hauses. Für die Erben, aber auch die sonstigen Rechtsnachfolger im Geschäft, ist es ein Ehrenpunkt, die alte Firma fortzuführen.

An den Bestand jedes Unternehmens ist die Existenz zahlreicher anderer Personen geknüpft, die ihr Einkommen aus seinem Ertrage gewinnen. Neben den beschäftigten Beamten und Arbeitern kommt auch eine ganze Reihe von Vorproduzenten in Betracht, die mit ihrem Absatz auf diese Ertragsquelle angewiesen sind.

Jede Unternehmung soll eine zweckmäßige Organisation, eine künstlich geschaffene Vereinigung von Arbeitsmitteln und Arbeits-

---

[1]) Müller-Erzbach, Zeitschrift für Handelsrecht, Bd. 61, S. 357ff.; Bd. 64, S. 530ff.

[2]) Sonderabdruck aus der Festschrift für Georg Cohn, Zürich 1915, S. 5.

kräften zum Zweck des größtmöglichen volkswirtschaftlichen Reinertrages darstellen. Das gewonnene Produkt soll unter dem geringstmöglichen Aufwande von Kosten einen möglichst großen Wertüberschuß liefern, der als Einkommenfonds für alle beteiligten Arbeitskräfte und Kapitalbesitzer dient. Dieser Zweck wird durch eine möglichst exakte Berechnung aller Kostenelemente und Ertragsfaktoren erreicht. Man muß demgemäß in erster Linie auf die Erhaltung des Kapitalbestandes durch regelmäßige Rücklagen und Abschreibungen bedacht sein.

Daß hervorragende Unternehmer bei ihrer Geschäftstätigkeit nicht nur danach trachten, ihre individuellen Interessen wahrzunehmen, sondern zugleich, selbst unter Opfern, den dauernden Bestand und die dauernde Ertragsfähigkeit ihres Betriebes auch im Interesse der Allgemeinheit zu sichern, kann man vielfach beobachten. Sie können das erreichen, indem sie für rechtzeitige Heranziehung tüchtiger Arbeitskräfte sorgen, die die Kontinuität der Betriebsführung gewährleisten. Sie können aber auch durch rechtzeitige Bereitstellung von Vermögenswerten ein finanzielles Kraftsparsystem begründen, das darin besteht, planmäßig jedes Jahr vom Rohgewinn einen bestimmten entbehrlichen Teil zurückzulegen und zu einem Ersatzfonds anzusammeln.

Wenn nun diese Fonds im Betriebe selbst angelegt werden, so besteht die Gefahr, daß sie in Notfällen nicht sofort greifbar oder realisierbar sind, weil es gerade in solchen Lagen unzweckmäßig oder unmöglich wäre, flüssige Mittel aus dem Betriebe herauszuziehen und damit das Betriebskapital zu schwächen. Eine anderweitige Anlage in Effekten oder sonstigen flüssigen Mitteln würde auch nicht vollkommen den Zweck erreichen, das Unternehmen gegen Zufälle sicherzustellen, die die Person des Betriebsleiters treffen. Denn es würde eine verhältnismäßig lange Zeit vergehen, bis ein größeres Kapital akkumuliert ist, das diesen Zweck durchaus erfüllen kann. Es ist nämlich nicht nur bei der Fortführung, sondern schon bei der Gründung des Unternehmens die Möglichkeit ins Auge zu fassen, daß derartige Zufälle eintreten, die eine vollständige oder partielle Rückzahlung des Einlagekapitals, der Kredite usw. notwendig machen. Infolgedessen entspricht es dem Prinzip einer planmäßigen rationellen Wirtschaftsführung, eine Rückzahlung des Einlagekapitals schon bei der Aufstellung des Geschäftsplanes in Betracht zu ziehen.

Da nun aber die isolierte Kraft des einzelnen Unternehmers nicht ausreichen würde, die rechtzeitige Bereitstellung so bedeutender Kapitalien zu ermöglichen, so muß auch zu diesem Zweck die Heranziehung großer leistungsfähiger Versicherungsgesellschaften ins Auge gefaßt werden. Es wird dann die Sparkraft des Einzelnen dadurch gesteigert, daß er sich solidarisch mit einem größeren Kreise von Unternehmern verbindet, die in gleicher oder ähnlicher Lage sind. Sobald der Fall eintritt, daß durch vorzeitiges Ableben oder Invalidität der natürliche Amortisationsprozeß im Einzelbetriebe gestört wird, greift die Gesamtheit der versicherten Unternehmen durch Vermittlung der Versicherungsgesellschaft mit ihrer akkumulierten Kapitalkraft helfend ein und sichert so jedem Betriebsleiter einen Rechtsanspruch auf die Totalsumme des versicherten Kapitals zu einer Zeit, in der er auf dem Wege der Selbstversicherung dieses Ziel noch nicht erreicht haben könnte. Selbst ganz junge Unternehmer können nun über ihr Kapital mit weit größerer Sicherheit verfügen, wenn sie den Bestand ihres Geschäfts gegen die gefährlichsten Katastrophen geschützt haben (vorzeitige Kapitalentziehung usw.).

Spekulative Geschäfte, die dazu bestimmt sind, einen rascheren Fortschritt der Unternehmung anzubahnen, können nun mit weit ruhigerer Überlegung unternommen werden, nachdem die dauernde Erhaltung des Betriebes durch die Versicherungsgemeinschaft ermöglicht ist. So gewinnt das Unternehmen unter Umständen vom ersten Augenblick seines Bestehens an ein sicheres finanzielles Fundament, auf dem es weiterbauen und sich frei zu voller Blüte entwickeln kann.

Die so erreichte Stetigkeit des Wertes verleiht jedem einmal auf dieser Basis bestehenden Geschäftsorganismus eine konzentrierte Lebenskraft und eine Lebensdauer, die über die Grenzen der individuellen Existenz des Betriebsleiters hinausreicht. Ermöglicht wird ein solcher Fortschritt nur durch das soziale Moment der gegenseitigen Hilfeleistung und Unterstützung, das in dieser wie in jeder Versicherungsmaßnahme gegeben ist. Das Neue und Eigenartige der Geschäftsversicherung aber besteht darin, daß das Wirtschaftsobjekt, dessen Bestand hier gesichert wird, nicht ein menschliches Individuum oder dessen Familie ist, sondern eine Einheit von Produktionsmitteln, deren produktive Funktion im volkswirtschaftlichen Gesamtinteresse aufrechterhalten werden muß. Der lebendige Organismus des Unternehmens wird hier gewissermaßen seinem Sachwert nach versichert, indem je nach seiner finanziellen Leistungsfähigkeit Kräfte angesammelt werden, welche die Bereitstellung eines bedeutenden Reservekapitals für alle seine Existenz bedrohenden Ereignisse ermöglichen.

Die Lebensversicherung des oder der Inhaber ist also hier nur das Mittel zur Sicherung des Objekts der Unternehmung. Es mag dahingestellt bleiben, inwieweit die ganz großen Kapitalunternehmungen etwa denselben Zweck der Existenzsicherung auf anderem Wege, unabhängig von dieser mehr demokratischen Maßregel der gegenseitigen Geschäftsversicherung erreichen können. Für die Mehrzahl der kleinen und mittleren Betriebe aber, die nicht schon durch die Schwerkraft ihres eigenen Reservekapitals eine dauernde Sicherstellung ihrer wirtschaftlichen Leistungsfähigkeit gewonnen haben, dürfte eine immer allgemeiner werdende Anwendung des Versicherungsprinzips nach dieser Richtung hin unbedingt vorteilhaft, ja auf die Dauer unentbehrlich sein.

Diese Behauptung läßt sich unter anderem auch durch die Tatsache begründen, daß die Konkurrenz der großkapitalistischen Unternehmungen, die immer intensiver wird, ein soziales Gegengewicht erfordert, das nur auf dem Wege der solidarischen Vereinigung der finanziell beschränkten Kapitalkraft kleinerer Betriebe gewonnen werden kann. Allerdings liegt die Verwertung der auf diese Weise angesammelten Kapitalien zunächst nicht unmittelbar in der Hand der zu gemeinsamer Spartätigkeit vereinigten Unternehmer, sondern sie wird einer Versicherungsgesellschaft anvertraut, die allein imstande ist, das große Risiko der hier in Betracht kommenden Gefahren für den Bestand der Unternehmung auf sich zu nehmen.

In jedem Falle ist in der Geschäftsversicherung durch die Konzentration der selbsterworbenen Reservekapitalien ohne irgendwelchen äußeren Zwang ein Organ oder eine Mehrzahl von Organen geschaffen, welche die wirtschaftliche Aufgabe erfüllen, eine planmäßige Fundierung der einmal bestehenden Produktionsanstalten und kaufmännischen Geschäfte auf die Dauer zu sichern.

(Man könnte sich vorstellen, daß eine ganze Reihe von Privatunternehmen bei einer Gesellschaft Geschäftsversicherungen deckt und daß diese Unternehmungen regelmäßig die bisher noch nicht entwickelte und benutzte Form der Kreditgewährung durch die Versicherungsgesellschaft unter Zugrundelegung des Darlehenswertes der Police etwa nach Art eines Kontokorrentverkehrs mit fortlaufenden Rückzahlungen und Vorschüssen in Anspruch nehmen. Damit würde ein großer Schritt zu einer kartellähnlichen Vereinigung selbständiger Privatunternehmer gemacht sein, und diese Vereinigung würde durch gegenseitiges Füreinandereintreten in Zeiten ungünstiger Konjunktur nicht nur den Einzelbetrieb, sondern auch ganze Gruppen von Unternehmungen konsolidieren. Durch diese Vereinigung würde die persönliche Selbständigkeit des Unternehmers gesteigert und nach keiner Richtung hin beschränkt werden.

Es würden auf diesem Wege die Versicherungsgesellschaften im Wandel der Zeiten immer mehr bankmäßigen Charakter annehmen, indem sie die ihnen anvertrauten Kapitalien stets im Kreise der Versicherten selbst an denjenigen Stellen anlegen, wo sie am dringendsten gebraucht oder am nutzbringendsten verwertet werden können.) —

Wir haben im Vorigen gesehen, wie die Geschäftsversicherung geeignet ist, das Gesamtobjekt der Unternehmung als selbständigen Organismus in solchem Grade zu sichern, daß es eine gewisse Unabhängigkeit von seiner jeweiligen persönlichen Leitung gewinnt. Wir waren uns darüber klar, daß sich jede Unternehmung aus einer Vielheit von Faktoren zusammensetzt, deren Produktivkraft zu erhalten eine wirtschaftliche Grundforderung ist. Bietet die Geschäftsversicherung mit ihrem Ersatz für die Abnutzung des Subjekts der Unternehmung und mit ihrem Reservefonds für die Aufrechterhaltung des Ertragswertes des Komplexes von Ertragsfaktoren im allgemeinen ein hervorragendes Mittel zur inneren Kräftigung der Unternehmungen, so werden meines Erachtens besondere Ertragsfaktoren durch die Geschäftsversicherung noch nicht hinreichend berücksichtigt.

Mit der fortschreitenden Ablösung der Arbeitskraft des Menschen durch die Maschine fällt dieser auch eine immer wachsende Bedeutung zu. Ja, die Maschine kann im wahrsten Sinne des Wortes selbst zu einer Triebkraft, zu einer Seele des Betriebes werden. Je mehr wir uns nun darüber klar sind, daß hier also dem Objekt gewissermaßen Leben innewohnt, daß hier gleichsam lebende

Ertragsfaktoren überragende Bedeutung im Gesamtbetriebe gewinnen, desto mehr müssen wir, wenn wir ein vollständiges finanzielles Kraftsparsystem begründen wollen, unsere Aufmerksamkeit auf die Lebenskraft der Objekte richten.

Objekte können einmal insofern als lebendige Organismen angesehen werden, als sie selbst Träger von Kräften sind, welche menschliche Arbeitskraft ersetzen sollen; z. B. Elektrizitätswerke, Motoranlagen, Lokomobilen usw. Was läge nun näher, als daß man bei Betriebsführung mit rationeller Kräfteökonomie dieselben oder ähnliche Maßnahmen anwendet wie die zuvor erwähnten, um auch für die Abnutzung der Lebenskräfte der Maschinen ein Äquivalent in Geld durch eine Versicherungseinrichtung zu schaffen? Aber auch ruhenden und scheinbar leblosen Objekten kann gleichsam Leben innewohnen, ohne daß sie gerade lebendige Funktionen äußern, und zwar durch die Tatsache, daß sie einen Ertrag abwerfen. Solange nämlich das Objekt ertragsfähig ist, ist es ein lebender Wirtschaftsorganismus und seine Lebenserhaltung ein wirtschaftliches Gebot, und wenn es nicht mehr so viel Ertrag abwirft, daß sich seine Erhaltung rentiert, stirbt es im wirtschaftlichen Sinne.

Würden wir nun analog der Lebensversicherung des Menschen auf das Leben des Objekts eine Versicherungsmaßnahme anwenden, so hätten wir damit ein neues gewaltiges Gebiet für die Versicherung erschlossen, das an Umfang dem der Feuerversicherung kaum nachstehen dürfte und das wir mit „Sachlebensversicherung“ bezeichnen möchten, d. h. die Versicherung lebloser Gegenstände (Sachen) unter Anwendung der Grundsätze der Lebensversicherung.

In dem Grade, in dem bei einer Unternehmung Sachwerte im Verhältnis zu persönlichen Produktivkräften eine hervorragende Rolle spielen, also einzelne Objekte große Teilwerte des ganzen Unternehmens bilden, wird die „Sachlebensversicherung“ unentbehrlich sein, wenn wir die Idee der vollkommenen finanziellen Organisation folgerichtig zur Durchführung bringen wollen. Man denke z. B. an Rheedereien, bei denen der Hauptsachwert des Unternehmens in den Schiffen liegt. Dies findet auch darin seine Begründung, daß die Objekte, die den größten Teil des Wertes der Unternehmung bilden, die Hauptunterlage für aufzunehmende Kredite darstellen (Schiffshypotheken). Hier treten die subjektiven Faktoren der Unternehmung mehr in den Hintergrund, hier muß also vor allem ein möglichst gleichbleibender Dauerwert der Objekte gesichert werden.

Es würde zu weit führen, hier die Möglichkeiten der Sachlebensversicherung an einzelnen Objekten zu illustrieren. Pläne zur Schaffung der Sachlebensversicherung von Maschinen, Webstühlen, Schiffen, Automobilen usw. sind noch in Arbeit; es handelt sich dabei zunächst um statistische Erhebungen über die Lebensdauer dieser Objekte. Im folgenden will ich nur auf einem Gebiete des Wirtschaftslebens, wo diese Maßnahme am dringendsten erscheint, zeigen, wie die Sachlebensversicherung dort bis in alle Einzelheiten ausgearbeitet ist, so daß ihrer praktischen Einführung nichts mehr im Wege liegt.

Dritter Teil.

Die Hauslebensversicherung.

I. Die Desorganisation des Haus- und Grundstückswesens.

Unter den leblosen Objekten sind es in erster Linie Hausgrundstücke, die sich durch eine langjährige Dauer ihrer Ertragsfähigkeit auszeichnen. Spielte beim kaufmännischen Unternehmen die Person des Leiters noch eine maßgebende Rolle, so überwiegt beim Grundbesitz in höherem Maße das objektive Moment, zumal in solchen Fällen, wo das Haus nicht zum dauernden Eigenheim des Besitzers dient, sondern, wie es bei dem städtischen Grundbesitz die Regel bildet, zur Vermietung an fremde Personen errichtet ist.

Wenn man insbesondere bedenkt, daß die Hausbesitzer meist nur zum kleinsten Teil Eigentümer ihres Hauses sind (bei großstädtischen Mietshäusern gehört ihnen oft nur etwa 10%[1]) des Gesamtwertes), daß sie also in der Hauptsache fremdes, auf dem Grundstück hypothekarisch lastendes Vermögen verwalten, so liegt ihnen hier die besondere Pflicht ob, das Objekt sorgfältig in seinem Bestande zu erhalten und damit den Ertrag sicherzustellen.

Daß die Hausbesitzer dieses Moment nicht in gehöriger Weise beachtet haben, scheint mir einer der Hauptgründe für die häufig wiederkehrende Not im Grundbesitz (Krisen auf dem Bau- und Terrainmarkt) zu sein. Angesichts dieser mißlichen Lage des Haus- und Grundbesitzes wurde auch in mir zum ersten Male der Gedanke wachgerufen, durch die Sachlebensversicherung eine durchgreifende Reorganisation und somit eine wirtschaftliche Sanierung anzubahnen.

Die augenblicklich etwas günstigere Gestaltung des Grundstücksmarktes, die zum Teil durch den herrschenden Mangel an Wohnungen, zum Teil aber wohl auch durch die starke Entwertung des Geldes entstanden ist, darf man nicht als Beweis für eine

[1]) In besten Zeiten nur etwa 20/25%.

dauernde allgemeine Verbesserung betrachten. Bei Rückkehr geordneter Verhältnisse wird auf diese vorübergehende Hausse unzweifelhaft ein Rückschlag erfolgen, der den Hausbesitzern die Mängel ihrer Wirtschaft nur noch deutlicher vor Augen führen muß.

Die Hauptmerkmale des unzweckmäßigen Verfahrens der Hausbesitzer sind folgende: Schon bei Errichtung des Hauses denken sie meist nur daran, wie sie es mit möglichst großem Nutzen bald wieder veräußern können; sie richten ihre Gedanken also auf eine im Verhältnis zur Dauer des Bestehens des Gebäudes sehr kurze Zeitspanne, während sie an seinem weiteren Werdegang wenig Anteil nehmen. Man rechnet immer nur mit Wertsteigerungen des Grundstücks und Hauses, denkt aber in den seltensten Fällen an eine Erhaltung des Objekts über die erste Zeit hinaus und vergißt vor allem die unbedingt eintretende Entwertung des Hauses durch Abnutzung, Unmodernwerden und Verschiebung sozialer Verhältnisse, die den Charakter ganzer Stadtgegenden ändern können. Hier vollziehen sich lokal beschränkte Wertsteigerungen und -minderungen meist mit einer so großen Unregelmäßigkeit, daß sich für die Hausbesitzer unberechenbare Gewinne und Verluste ergeben können. Wie wenig es daher berechtigt ist, im Vertrauen auf eine stetige Hebung des Bodenwertes oder der Erhöhung der Mietseinnahmen, die sich unter besonders günstigen speziellen Verhältnissen für bestimmte Häuserkategorien ergeben kann, so allgemein zu rechnen, daß man die notwendigen Abschreibungs- und Erneuerungsmaßregeln im weitesten Maße vernachlässigt oder für überflüssig hält, zeigt in treffender Weise Dernburg in seinem Vortrag über die Mißstände des Immobiliarkredits im Bauwesen (1915):

„Die Entschuldigung für den Verstoß gegen die im ganzen wirtschaftlichen Leben geltende Regel, daß sich alte Dinge entwerten und nur leichtsinnige Menschen dieser Entwertung keine Rechnung tragen, hat in dem großstädtischen Hausbesitz stets darin bestanden, daß durch Verbesserung der Lage und Abnahme der Kaufkraft des Geldes, d. h. Verbesserung des Vermögensstandes prospektiver Mietergenerationen, dem Grund und Boden an Wert mindestens das zuwachse, was das Bauwerk an Wert verliert. Man glaubte sich dabei auf gewisse Erfahrungen stützen zu können, hat aber dann inzwischen einsehen müssen, daß Verkehrsverbindungen, das Zusammenwachsen verschiedener Großstädte usw. diesen angeblichen Erfahrungssatz zuschanden machen. Innerhalb eines Kilometers vom Potsdamer Platz hat schließlich jedes Berliner Haus die Chance gehabt, oder hat sie noch, in die City gezogen zu werden und den obengenannten Erfahrungssatz wahr zu machen. Bei einem Vorortverkehr von 15 km, der also das Zehnfache des Berliner Weichbildes in Arbeitsnähe von Berlin bringt, kann ein solcher Grundsatz als Regel nicht mehr angesehen werden."

Auch die Dezentralisation der Großstädte bewirkt sprunghafte Wertverschiebungen. Im Zentrum der Stadt kann man allenfalls mit einiger Sicherheit auf eine fortschreitende Wertsteigerung rechnen; in weiterem Umkreise werden die Chancen immer ungewisser.

Ist das Haus nun einmal tatsächlich entwertet und liefert es infolgedessen nicht mehr den angemessenen Ertrag, so deckt es auch nicht mehr den Wert der auf ihm lastenden Hypotheken, so daß also bei ihrer Kündigung der Hausbesitzer nicht mehr imstande ist, neue Hypotheken in gleicher Höhe zu erhalten. Er kann die letztstelligen Hypotheken nicht auszahlen, denn er hat den ganzen Ertrag (Mietseinnahme) des Hauses meist verbraucht und fast nie hinreichende Rücklagen oder Abschreibungen gemacht. Es kommt infolgedessen häufig zur Zwangsversteigerung. Dadurch verliert der Hausbesitzer sein Haus und das darin angelegte Eigenkapital, das oft die Grundlage seiner Existenz bildet. Auch die Gläubiger der letztstelligen Hypotheken, deren Forderungen bei der Versteigerung nicht ausgeboten werden, verlieren ihr Kapital. Wiederholen sich solche Fälle häufig, so werden die privaten Geldgeber, oft kleine Kapitalisten, die für diese Darlehen besonders in Frage kommen, mißtrauisch, ziehen ihr Geld möglichst aus den belasteten Grundstücken heraus und geben vor allem kein neues Geld mehr für Hypotheken der hinteren Stellen her. Daß auf diese Weise in solchen Zeiten der Grundbesitz schwer geschädigt wird, bedarf keiner näheren Erklärung. Es gehen alljährlich viele Millionen des Nationalvermögens durch verkehrte Bewirtschaftung von Hausgrundstücken, d. h. durch falsche Verwaltung des größtenteils entliehenen Vermögens verloren.

Vergegenwärtigen wir uns nun einmal den Lebensgang eines solchen, wesentlich mit fremdem Kapital erbauten und erhaltenen Hauses:

Der angehende Hausbesitzer, der freiwillig oder unfreiwillig in den Besitz einer vielfach schon vom Terrainverkäufer verteuerten Bauparzelle gelangt ist, sucht auf Grund eines oft recht optimistisch aufgemachten Kostenanschlages, der den Ertragswert hauptsächlich der nächsten Jahre zur Grundlage nimmt, Baugeld zu entleihen. Er selbst besitzt oft nur die Anzahlung von wenigen tausend Mark. Er beginnt also sein Unternehmen mit der Aufnahme einer im Verhältnis zu seinem Eigenvermögen gewaltigen Schuld. Noch ehe der Rohbau fertiggestellt ist, nimmt er Fühlung mit dem Geldgeber der ersten Hypothek, um die Bauschuld durch eine Dauerschuld (meist auf zunächst zehn Jahre) abzulösen. Diese Hypothek, die ihm höchstens zu 60% des Taxwertes bewilligt wird, reicht gewöhnlich nicht aus, um das Baugeld zu tilgen; er braucht eine zweite Hypothek, die er, da öffentliche Institute nachstellige Kredite in der Regel nicht gewähren, entweder unter gleichzeitiger Übernahme einer neuen Bauparzelle vom Geländebesitzer oder von irgendeiner privaten Seite, jedenfalls zu einem hohen Zinsfuß, nehmen muß. Es bedingt nämlich die relative Unsicherheit der zweiten Stelle bereits einen Risikoaufschlag, der durch die Zinserhöhung zum Ausdruck kommt. (Überdies erhält er die zweite Hypothek in der Regel nur auf 5 Jahre.)[1])

Noch absurder als diese Schuldenwirtschaft bei unverhältnismäßig geringer Beteiligung des Unternehmers ist die Planlosigkeit, mit der das Haus nach seiner Fertigstellung und Vermietung — wenn diese gelingt — bewirtschaftet wird. Bleiben die Hypotheken, wie gewöhnlich, in gleicher Höhe bestehen, so nimmt die Belastung bei der unfehlbar eintretenden natürlichen Entwertung relativ immer noch zu. Um den Ertrag trotz der Abnutzung nach Möglichkeit auf der ursprünglichen Höhe zu halten, sind bei der bisherigen nicht immer solidesten Bauweise oft schon sehr bald umfangreiche Reparaturen notwendig.

Da es dem Eigentümer meist an den nötigen Mitteln fehlt, werden Schäden am Baukörper nur oberflächlich ausgebessert, um den Ertrag wenigstens so lange aufrechtzuerhalten, bis das Objekt glücklich losgeschlagen und der Erbauer mit dem blauen Auge davongekommen ist. Der Käufer erwirbt ein scheinbar voll ertragsfähiges Gebäude, das er ohne Berücksichtigung und Kenntnis

[1]) Unter Opfern. (Nicht selten 5 % Damnum und Nebenspesen).

der schon eingetretenen Entwertung gekauft hat. Besitzt auch er nicht selbst genügende Mittel, die er à fonds perdu in das Haus hineinstecken kann, so wird er bei der Beschaffung von Erneuerungsgeldern auf dem Wege weiterer hypothekarischer Belastung Schwierigkeiten haben. Gelingt es ihm aber, eine solche neue Belastung zu erreichen, so entsteht jedenfalls schon jetzt eine Überbeleihung. Manchmal wird zwar eine vorübergehende Grundwertsteigerung in Haussezeiten Abhilfe schaffen, und hierauf pflegen die heutigen Grundbesitzer ihre falsche Wirtschaftspolitik zu gründen. In Krisenzeiten aber, wie wir sie eingangs geschildert haben, ergeben sich umgekehrt plötzliche und unvorhergesehene Entwertungen über die natürliche Wertminderung hinaus, die oft mehr als das im Hause steckende Eigenkapital des Grundbesitzers verschlingen, also auch einen geringeren oder größeren Teil des fremden, in dem Hause angelegten Kapitals verlorengehen lassen[1]).

Besonders gefährlich ist es, wenn in günstigen Zeiten jemand ein Grundstück zu einem Preise, der dessen wirklichen Wert übersteigt, erworben hat und nun bei Sinken des künstlich hochgetriebenen Wertes auf den regulären Wert, oder in Krisenzeiten sogar unter diesen Wert, mindestens so viel an Kapital verliert, als die Differenz zwischen dem künstlich hochgetriebenen und dem Normalwert beträgt. Auch hierbei entstehen dem Grundbesitzer wie dem Gläubiger Verluste. —

Die Furcht vor zu starker steuerlicher Inanspruchnahme durch die Kriegsgewinnsteuer bewirkt in letzter Zeit eine höchst eigenartige Preisbemessung im Handel mit Hausgrundstücken, die hier nicht unerwähnt bleiben soll. Wird ein Grundstück veräußert, so fordert der Verkäufer zunächst einen phantastischen Preis, entsprechend der heutigen übertriebenen Hausse, die wiederum ihren Grund in der Geldflüssigkeit, dem Anlagebedürfnis des Publikums und in der Geldentwertung hat. Als Gegendienst für die Bewilligung dieses überspannten Preises verlangt der Käufer in zahlreichen Fällen, daß in den Kaufvertrag nur ein wesentlich

---

[1]) In seinem Werk „Über die Grundlagen zur Besserung der städtischen Wohnverhältnisse", Berlin 1913, S. 137, schildert Prof. Dr. W. Gemünd derartige Krisen auf dem Bau- und Terrainmarkt, die „von Zeit zu Zeit immer wieder die Grundstückspreise auf ihre reelle, durch die tatsächlich vorhandene durchschnittliche Ertragsmöglichkeit gegebene Höhe zurückschleudern, **nicht selten sogar darunter!**"

geringerer Preis aufgenommen wird, während die Differenz als Provision oder als Aufwendungen für Zubehör, Maschinen oder dgl. angesetzt, aber im Vertrage nicht erwähnt wird. Beide Parteien haben hierbei große steuerliche Interessen, da die Beträge, die durch die Verschiebung des Gesamtbildes des Vertrages nicht als Kaufpreis ausgewiesen werden, recht bedeutend sind. Der Verkäufer hat scheinbar einen geringeren Vermögenszuwachs, der Käufer einen niedrigeren Kaufpreis zu deklarieren. Auch hier ist der Käufer der Betrogene, denn er hat das Objekt weit über den Wert bezahlt, und die etwaige Steuerersparnis wiegt keineswegs den Verlust auf, den er später durch den allzu hohen Kaufpreis haben dürfte.

II. Unzureichende Reformbestrebungen.

Auf die verschiedenste Weise ist es schon versucht worden, den oben geschilderten Mißständen abzuhelfen. Es sei hier in erster Linie auf die Amortisationshypothek und die Hypothekarlebensversicherung, dann auf die Hypothekenversicherung, ferner auf die Hypothekenschutzbanken, schließlich auch auf die Mietverlustversicherung als Teilmaßnahme hingewiesen.

Die Amortisationshypothek[1]) wirkt in der Hauptsache als Mittel zur Abschreibung oder Entschuldung des Grundstückes. Sie hilft damit zunächst dem Hypothekengeldgeber, der entsprechend der fortschreitenden Entwertung des Hauses durch die Amortisationsraten allmählich sein dargeliehenes Geld zurückerhält. Sie hilft ferner insofern dem Hausbesitzer, als er durch die Amortisation sein Haus vor Überschuldung bewahrt. Sie hilft aber nicht in Fällen größeren Geldbedarfs zu umfangreicheren Umbauten, Reparaturen und Erneuerungen des Hauses. Vielmehr ist dann der Hausbesitzer gezwungen, das durch die Amortisation erreichte Resultat durch Neuaufnahme von Hypothekenkapital umzustoßen.

In geldknappen Zeiten dürfte die Beschaffung des Kapitals nicht leicht sein. Gewiß gewinnt durch Reparaturen das Haus auch wieder an Wert. Immerhin ist es aber fraglich, ob dieser Mehrwert das neuaufgenommene Darlehen deckt. Ist schließlich

---

[1]) Vgl. Friedrich Schwarz, Städtischer Grundkredit und Tilgungshypothek. Bericht für die Immobiliarkreditkommission nebst einer Abhandlung über die Tilgungshypothek. Berlin 1915.

das Haus nicht mehr reparaturfähig und schon abbruchreif, dann hat der zum Neubau gezwungene Hausbesitzer nicht nur die auf dem Grundstück noch lastenden Hypotheken als alte Schuld auf den Neubau mit zu übernehmen, sondern muß, um den Neubau errichten zu können, noch weitere Verbindlichkeiten eingehen. Zudem ist es fraglich, ob durch die Amortisation das Grundstück bis zum Abbruchs- und Bodenwert entschuldet ist. Besteht noch eine diesen Wert übersteigende Schuld, so belastet diese von Anfang an den Neubau.

Auch bei Erbfall und Verkauf des Hauses wird oft das Resultat der Amortisation durch den künstlich bei der Erbauseinandersetzung erzielten Überwert illusorisch gemacht. Jeder Hausbesitzer ist bestrebt, bei Veräußerung des Hauses den von ihm gezahlten Kaufpreis zu erreichen und möglichst darüber hinaus einen Gewinn zu erzielen. Beide Parteien denken selten daran, daß das Haus, wie schon erwähnt, im Laufe der Jahre eine Wertminderung erfahren haben muß und nun durch die Eintragung der Kaufpreisresthypothek künstlich überwertet und damit überschuldet wird. Schließlich eignet sich die Amortisationshypothek wegen der Schwierigkeit der Anlage der jährlichen kleinen Ratenrückzahlungen nicht für private Geldgeber, die nicht in der Lage sind, diese geringen Posten zu gleichem Zinse anzulegen. Deshalb kommt die Amortisation für nachstellige Hypotheken, die meist von Privaten gegeben werden, kaum in Betracht. Sie wird daher tatsächlich besonders in Süddeutschland meist von den großen öffentlichen Kreditgebern auf erststellige Hypotheken angewandt und kann nur dann entschuldend wirken und den nachstelligen Kredit sichern, wenn dieser in Höhe der amortisierten Summe vorrückt. Anderenfalls entsteht zwischen erster und zweiter Hypothek eine Eigentümerhypothek, die den Hausbesitzer im Falle augenblicklichen Geldbedarfs leicht verführt, durch Aufnahme eines Darlehens in Höhe der Eigentümerhypothek die Wirkung der Entschuldungsmaßnahme zu vereiteln.

Die Verwendung der Amortisationshypothek in größerem Umfang ist somit trotz ihrer unverkennbaren Vorteile keine durchgreifende Maßnahme zur Reorganisation des schlecht verwalteten Hausbesitzes. Deshalb ist es auch nicht gelungen, sie in Norddeutschland einzubürgern, und auch in Süddeutschland läßt sich eher ein Rückgang als ein Fortschritt beobachten.

Zur Sicherung des Erfolges einer Amortisationsmaßnahme hat man dann versucht, auf dem Wege der **Hypothekarlebensversicherung**[1]) der Kreditnot des Hausbesitzes abzuhelfen. Das Wesen der Hypothekarlebensversicherung besteht darin, daß auf das Leben des Hausbesitzers eine Versicherung in der Art genommen wird, daß beim Tode des Versicherten (und in der Regel auch nach Ablauf eines bestimmten Zeitraumes) ein Kapital zur Auszahlung gelangt, welches nicht zur festen Verfügung des Bezugsberechtigten steht, sondern zur Befriedigung der Hypothekengläubiger verwandt wird.

Ein derartiges Verfahren hat für Eigenwohnhäuser und zur Entschuldung ländlicher Grundstücke, d. h. in den Fällen, wo die persönliche Arbeitskraft und Erwerbsfähigkeit des Grundbesitzers im Rahmen des Unternehmens eine verhältnismäßig bedeutende Rolle spielt, zweifellos manche Vorteile[2]); denn beim Tode oder bei Arbeitsunfähigkeit des Eigentümers ist die auf dem Hause lastende Schuld getilgt. Bei großstädtischen Miethäusern dagegen tritt die Person des Hausunternehmers meistens so sehr in den Hintergrund, daß hier die Hypothekarlebensversicherung nicht den gewünschten Erfolg haben kann oder zu hohe Prämien erfordern würde.

Die Lebensversicherung soll das vernichtete Arbeitseinkommen des Versicherten durch Kapitaleinkommen ersetzen. Die Einnahmen eines großstädtischen Miethausunternehmers sind aber zum weitaus größten Teil objektiv bedingt durch den Ertrag des Hausobjekts. Daher wird auch der Tod des Besitzers in sehr vielen Fällen nicht einen solchen Einfluß auf den Gang des Hausunternehmens ausüben, daß sich dadurch die Wahl dieses Ereignisses als Versicherungsfall für eine Hausversicherung rechtfertigen ließe.

Andererseits gewährt die Hypothekarlebensversicherung keinen Schutz in den Fällen, wo aus anderen, nicht in der Person des Hauseigentümers begründeten Ursachen eine Ertragsminderung eintritt. Man verlangt eben etwas ganz Wesensfremdes von der Hypothekarlebensversicherung, wenn man sie ohne weiteres der

[1]) Betrieben insbesondere von der „Leipziger Lebensvers.-Ges." a. G., der „Germania", Stettin, dem „Nordstern", Berlin und „Der Anker", Wien.

[2]) Vgl. die Veröffentlichung des Rheinischen Vereins für Kleinwohnungswesen (von Dr. Mewes) und des Groß-Berliner Vereins für Kleinwohnungswesen (Diplom-Ingenieur Leyser).

Entschuldung dienstbar machen will. Es wird nur das Lebensrisiko des Versicherten zur Grundlage des Vertrages gemacht, man wünscht aber durch denselben das Risiko der Wertminderung eines Hausgrundstücks zu decken und bedenkt nicht, daß ein körperlich gesunder Hausbesitzer ein Haus besitzen kann, das als schlechtes Risiko zu bewerten ist, daß ferner manches Objekt für eine derartige Versicherung nicht annehmbar erscheint, weil zufällig der Besitzer krank ist.

Zudem muß eine Lebensversicherung in der Regel eine längere Reihe von Jahren in Kraft sein, um den gewünschten wirtschaftlichen Erfolg zu haben. Auch dies ist ein Grund, der ihre Anwendung auf den großstädtischen Hausbesitz unzweckmäßig erscheinen läßt; denn wie wir gesehen haben, wechselt ein städtisches Miethaus oft schon nach sehr kurzen Zeiträumen seinen Besitzer, so daß eine Hypothekarlebensversicherung sehr oft vorzeitig abgebrochen werden müßte.

Vor allem die öffentlich-rechtlichen preußischen Provinzial-Lebensversicherungsanstalten, die zum Teil direkt zum Zwecke der Entschuldung des Grundbesitzes begründet worden sind, haben sich bemüht, der Hypothekarlebensversicherung einen größeren Wirkungskreis zu schaffen, doch haben sich bei der praktischen Durchführung selbst bei ländlichen Grundstücken mancherlei Unstimmigkeiten gezeigt, insbesondere sind die Erwartungen vieler Grundbesitzer, mit Hilfe der Versicherung leichter Kredit auf ihre Grundstücke zu erhalten, nicht in Erfüllung gegangen.

Da, wie wir gesehen haben, auf dem indirekten Wege der Entschuldung eine dauernde Besserung der Lage des großstädtischen Haus- und Grundbesitzes nicht erwartet werden darf, hat man versucht, auch auf diesem Gebiete durch direkte Versicherung Abhilfe zu schaffen, und zwar zunächst durch Einführung der sogenannten **Hypothekenversicherung,** doch sind alle diese Versuche über ein gewisses Anfangsstadium nicht hinausgekommen. Diese Versicherung soll dem Gläubiger pünktlichen Eingang der Zinsen und ordnungsmäßige Rückzahlung des Kapitals gewährleisten. Kommt es zur Zwangsversteigerung des Hauses, werden nicht ausgebotene Forderungen den Gläubigern garantiert. Der fundamentale Fehler, der bei der praktischen Durchführung gemacht wurde, bestand darin, daß man die Hypothekenversicherung als reine Risikoversicherung betreiben wollte. Eine Versicherung ist aber nur möglich, wenn das übernommene Risiko und damit der erforderliche Geldbedarf der Versicherungsgesellschaft wenigstens annähernd abschätzbar ist. Dies ist bei der bisher versuchten Hypothekenversicherung nicht der Fall.

Die vorhandenen Statistiken über Grundstücke, Zwangsversteigerungen usw. sind meist zu anderen Zwecken hergestellt und daher als Grundlage nicht zu verwenden. Man hat also keinen Anhaltspunkt, um mit der für die geordnete Durchführung eines Versicherungsunternehmens unbedingt erforderlichen Genauigkeit im voraus anzugeben, in welcher Höhe die Gesellschaft bei einem gewissen Bestande von Versicherungen voraussichtlich in Anspruch genommen wird.

Man half sich, indem man sich durch die verschiedensten einschränkenden Bestimmungen vor der Übernahme eines zu großen Risikos zu schützen suchte. Hierdurch wird aber gerade die Versicherung in den Fällen unwirksam oder nicht anwendbar, wo ein Schutz am dringendsten notwendig ist, nämlich bei den weniger guten Risiken.

Das Aufsichtsamt für Privatversicherung hat die Hypothekenversicherung nur mit der Maßgabe genehmigt, daß der Gesamtbestand an Objekten bei einer Gesellschaft beschränkt wird, und daß nur Hypotheken, deren Höhe nicht über 85% der Grundstückstaxe beträgt, versichert werden dürfen. Wie die Gesellschaft, die diese Versicherungsart betreibt, in ihrem Prospekt selbst angibt, läßt sich für die Hypothekenversicherung ein allgemeingültiger Prämientarif nicht aufstellen. Die Prämien werden vielmehr von Fall zu Fall, je nach Art und Güte des betreffenden Risikos und der vorhandenen Sicherheit festgesetzt.

Ein solches Verfahren ist natürlich sehr mangelhaft; denn entweder erhebt die Gesellschaft zu hohe Prämien und bereichert sich so auf Kosten der Versicherungsnehmer, oder die Prämien sind zu niedrig bemessen, und dann ist sie nicht imstande, die versprochenen Leistungen zu gewähren. Besonders in Krisenzeiten kann dieser letzte Fall sehr leicht eintreten, denn wie schon gesagt, gibt es für die Bemessung der Prämie keinen zuverlässigen Maßstab.

In der Praxis führte die Hypothekenversicherung häufig dazu, daß Hausbesitzer ihre Grundstücke, deren sie sich zu einem Preise entledigen wollten, der die Höhe des Wertes der versicherten hypothekarischen Belastung gerade erreicht, sich des Versicherungsschutzes bedienten, um sich auf diesem Wege vor Subhastation und größeren Verlusten zu schützen. Die Versicherungsgesellschaft mußte dann das Grundstück übernehmen und belastete sich bei Häufung solcher Fälle in unliebsamer Weise. Dies vor allem soll ihr das Geschäft verleidet haben, so daß sie während des Krieges Hypothekenversicherungen nicht mehr abgeschlossen hat.

Auch die Hypothekenversicherung in der bisherigen Form ist somit nicht geeignet, die schlechte Lage des Haus- und Grundbesitzes durchgreifend zu verbessern, denn gerade in den Fällen, wo dieser besonderen Schutzes bedarf, wird sie vollständig versagen, weil die Versicherungsgesellschaft infolge plötzlicher unberechenbarer Inanspruchnahme dann nicht in der Lage ist, ihren Verpflichtungen nachzukommen.

Endlich hat man in der Kriegszeit versucht, durch Gründung der sogenannten **Hypothekenschutzbanken** der Kreditnot der Hausbesitzer abzuhelfen. Auch diese Schutzbanken bezwecken, den Hypothekengläubigern im Falle der Zwangsversteigerung Ausbietungsgarantie zu gewähren[1]), d. h. sie haben dasselbe Ziel wie die oben besprochene Hypothekenversicherung. Statt der Prämie zahlt der Hausbesitzer den sogenannten Schutzzins. Während aber die Hypothekenversicherung von einer der angesehensten deutschen Versicherungsgesellschaften, die fast alle anderen Zweige der Kapital- und Elementarversicherung betreibt, mit bedeutenden Kapitalien und Reservefonds versucht worden ist und durch diese immerhin noch verhältnismäßig große Sicherheit gewährleistet wird, befassen sich die Hypothekenschutzbanken ausschließlich mit dem Hypothekenschutz. So arbeitet z. B. die Hypothekenschutzbank für Brandenburg und Groß-Berlin A.-G. zu Berlin mit einem Grundkapital von 1 Million Mark, von dem aber satzungsgemäß nur 25% einzuzahlen sind[2]). Die Gründer behaupten zwar, daß bei ihrem Unternehmen das Grundkapital fast überflüssig sei, da sie alle Schäden aus den bei ihnen zusammenströmenden Schutzzinsen decken könnten; doch ist es aus denselben Gründen, die oben bei der Besprechung der Hypothekenversicherung aus-

---

[1]) Vgl. die ergänzenden Ausführungen von Herrn Präsident van der Borght, die dem Verfasser erst nach Drucklegung zugingen: S. 103.

[2]) Vgl. die allgemeinen Bestimmungen und die Satzung vom Jahre 1918 sowie die Veröffentlichung der Gesellschaft „Der Hypothekenschutz".

führlich dargelegt worden sind, auch hier unmöglich, für die Bemessung des Schutzzinses einen zuverlässigen Maßstab zu finden. Es ist somit nicht ersichtlich, worauf sich die Erwartung, daß die Schutzzinseinnahme unter allen Umständen zur Deckung aller Schäden ausreicht, gründet, zumal die Tatsache, daß nur eine äußerst geringe Anzahl von Abschlüssen bis zum Juni 1919 getätigt werden konnte, die Hoffnung zuschanden gemacht hatte, durch einen großen Bestand einen Ausgleich der Risiken herbeizuführen.

Bezeichnend ist ferner die Tatsache, daß das Reichsaufsichtsamt für Privatversicherung es abgelehnt hat, den Hypothekenschutz wegen des zu großen Risikos und der mangelhaften Fundierung als aufsichtspflichtige Versicherung zu genehmigen. Daß man nachher erklärt hat, der Hypothekenschutz sei keine Versicherung, macht die Sache eher schlimmer als besser, denn nun unterliegt die Schutzbank überhaupt keiner Aufsicht mehr und bietet eine noch viel geringere Sicherheit als die Hypothekenversicherung, weil sie nicht wie jede Versicherungsgesellschaft der Aufsichtsbehörde Rechenschaft über die Anlage und Verwaltung ihres Vermögens ablegen muß.

Wenn man überlegt, daß es sich bei großstädtischen Häusern vielfach um Millionenwerte handelt, so ist es nicht schwer auszurechnen, daß das Grundkapital von 1 Million Mark mit 25% Einzahlung zur Ausgleichung etwaiger Schäden in Krisenzeiten nicht ausreichen kann. Ferner darf man nicht vergessen, daß die Hypothekenschutzbank den Hypothekenschutznehmern eine große Reihe von Verpflichtungen auferlegt, die eine starke Beschränkung der Willensfreiheit der Hausbesitzer darstellen und eine lästige Abhängigkeit von der Schutzbank bedeuten.

An letzter Stelle müssen wir hier noch auf die Versuche eingehen, durch die sogenannte **Mietverlustversicherung** den Ertrag von Miethäusern aufrechtzuerhalten. Zunächst tritt auch hier der bereits bei der Hypothekenversicherung beobachtete Mangel hervor, daß das Risiko nicht mit zureichender Sicherheit im voraus abschätzbar ist. Vor allem ist bei einer Mietverlustversicherung auch der Umstand in Betracht zu ziehen, daß es hier dem Hauseigentümer verhältnismäßig leicht fallen kann, den Versicherungsfall absichtlich herbeizuführen. Hierdurch wird ihre praktische Durchführung bis zur Unmöglichkeit erschwert. Das dringende wirtschaftliche Bedürfnis, die Hausbesitzer gegen die Gefahr des

Mietverlustes zu schützen, hat trotz dieser Schwierigkeiten zu mannigfachen praktischen Versuchen auf diesem Gebiete geführt.[1])

Wir müssen uns hier auf die Feststellung der Tatsache beschränken, daß die bisherigen Versuche ihren eigentlichen Zweck, den Ertrag eines Miethauses dauernd auf einer normalen Höhe zu halten, fast durchweg nicht erreicht haben. Dabei soll nicht verkannt werden, daß es in einzelnen Fällen nicht an günstigen Nebenwirkungen auf die Gestaltung der Hausbesitz- und Wohnungsverhältnisse gefehlt hat. Andererseits zeigt aber der Zusammenbruch des „Allgemeinen deutschen Mietsverlustversicherungsvereins A.-G. Berlin", bei dem die Versicherungsnehmer noch erhebliche Nachschüsse zu leisten hatten, daß ohne sichere Grundlage durch Ansammlung genügender Reserven der Betrieb der Mietverlustversicherung undurchführbar ist.

Die verschiedenen Mietversicherungssysteme, die sich im Laufe der Zeit herausgebildet haben, unterscheiden sich sehr wesentlich nach der Art, in der die Beiträge erhoben und Entschädigungen geleistet werden. Ein Nachteil der bisherigen Versuche ist vor allem der, daß es dem Hausbesitzer nicht möglich ist, im voraus eine geordnete Kalkulation für sein Hausunternehmen aufzustellen; denn wird die Prämie nicht im voraus entrichtet, sondern erst nachträglich je nach der Höhe der eingetretenen Schadenfälle eingezogen, so kann der Versicherungsnehmer für sie keinen bestimmten Betrag in seine Berechnung einsetzen, ist hingegen die Entschädigung bei gleichbleibender Prämie eine veränderliche, so weiß er nie, welcher Prozentsatz des Minderertrages ihm ersetzt wird. Wir werden später zu zeigen haben, daß es durch zweckentsprechende Berücksichtigung der mit den bisherigen Systemen gewonnenen Erfahrungen auf einer allerdings ganz veränderten Grundlage gelingen kann, auch die Mietverlustversicherung in der Weise durchzuführen, daß dem Versicherungsnehmer ein bestimmter Mindestertrag unter allen Umständen garantiert werden kann, wobei in der Regel die tatsächliche Entschädigung dieses Minimum erheblich überschreiten wird.

III. Die Idee der Hauslebensversicherung.

Die Kritik der bisher unternommenen Reformversuche hat uns zu dem Ergebnis geführt, daß sich eine vollständige Gesundung

[1]) Siehe u. a. Studie von Manes, Mietverlustversicherung. Berlin 1908.

der wirtschaftlichen Lage des Hausgrundbesitzes durch die vorgeschlagenen Maßnahmen nicht erzielen läßt. Durch meine praktische Tätigkeit als Versicherungsfachmann und durch wissenschaftliche Studien mit diesen Verhältnissen vertraut, dachte ich darüber nach, ob nicht den Hausbesitzern in ganz anderer Weise, als es bisher unternommen war, auf dem Wege der Versicherung geholfen werden könnte. Alle oben erörterten Versicherungsversuche waren daran gescheitert, daß sie lediglich mit Hilfe einer Risikoversicherung ein Risiko von unberechenbarer Größe zu decken unternahmen. Um die Durchführung einer Risikoversicherung überhaupt zu ermöglichen, mußte es also die erste Aufgabe sein, das Hausgrundstück als Versicherungsobjekt auf eine solide wirtschaftliche Grundlage zu stellen und dadurch die vom Versicherer getragene Gefahr auf ein Mindestmaß zu verringern und vor allem bestimmbar und berechenbar zu machen.

Wie wir sahen, war es ein Hauptübelstand, der unbedingt zum wirtschaftlichen Verfall des Hausbesitzes führen mußte, daß die Mehrzahl der Hauswirte während der ganzen Lebensdauer des Hauses seiner dauernden Entwertung in keiner Weise Rechnung trägt. Es hängt dies wohl hauptsächlich damit zusammen, daß ein großer Teil der Hauseigentümer noch nicht zu der Einsicht gelangt ist, daß man die kaufmännisch üblichen Grundsätze einer exakten Reinertragsberechnung auch auf die Verwaltung und Bewirtschaftung der Häuser zur Anwendung bringen muß. Jeder ordentliche Kaufmann schreibt auf das vergängliche Inventar jährlich der Entwertung entsprechende Beträge ab, und in gleicher Weise handelt jeder ordentliche Industrielle oder Landwirt, der nach modernen Grundsätzen verfährt, hinsichtlich seines vergänglichen Anlage- und Betriebskapitals. Wir haben an anderer Stelle das systematisch durchgeführte Abschreibungsverfahren, wie es in den rationell geleiteten Großbetrieben üblich ist, als eine Art Selbstversicherung charakterisiert.

Die Anwendung dieses Systems auf das Gebiet der Bauunternehmung begegnet nun aber den denkbar größten praktischen Hindernissen[1]. Noch immer haben die meisten Hausbesitzer eine

[1] In der Theorie hat natürlich Eberstadt recht, wenn er behauptet: „Die Anschauung, daß der Hausbesitz ein Geschäft ist, und als Geschäft betrachtet werden muß, ist jetzt vollständig durchgedrungen." Schmollers Jahrbuch 28. Jahrg. 1902, S. 441.

äußerst primitive Buchführung, buchmäßige Abschreibungen sind in den seltensten Fällen üblich, ja vielfach werden überhaupt keine Bücher geführt.

Diese Mängel müssen um so verderblicher wirken, weil die Mehrzahl der Hausbesitzer zum kleinsten Teil eigenes, zum größten Teil fremdes Kapital in ihrem Hause bewirtschaftet. Daß unter solchen Umständen eine fortlaufende, zuverlässige Berechnung der eingetretenen Wertminderung und des nach Bezahlung der Schuldzinsen und Deckung aller sonstigen Unkosten verbleibenden Überschusses unentbehrlich ist, liegt auf der Hand. Aber es fehlt eben ganz abgesehen von dem herrschenden Mangel an kaufmännisch-technischer Vorbildung an dem zielbewußten Willen und an der notwendigen wirtschaftlichen Kraft, ein streng geregeltes Amortisationsverfahren als Selbstversicherungsmaßnahme unter allen Umständen durchzuführen. Kann man nun aber bei so mangelhafter Wirtschaft in absehbarer Zeit nicht damit rechnen, daß sich ohne das Eingreifen eines regelnden Faktors eine Besserung der Gesamtlage erreichen läßt, so muß sich der Gedanke Bahn brechen, die sozial-pädagogische Kraft einer starken Versicherungsorganisation zur Unterstützung jenes an sich durchaus wünschenswerten Selbstversicherungsverfahrens in der richtigen Weise heranzuziehen. Damit gehen wir natürlich auf das Gebiet der Fremdversicherung über, und dieser Schritt wird bei seiner ersten Motivierung allerdings manche Bedenken und Einwände hervorrufen. Nur die positive Überzeugungskraft einer in sich vollendeten, klardurchdachten praktischen Organisationsidee wird imstande sein, diese Bedenken zu überwinden und sich allen privaten Einwendungen zum Trotz durchzusetzen, sobald einmal der richtige Weg zu diesem Ziel gefunden ist. —

Wenn der Mensch einen bestehenden Zustand als unhaltbar erkannt hat, so wird er sich, um zu einer systematischen Rationalisierung auf neuen Grundlagen zu gelangen, zuerst entschließen müssen, wenigstens in seinen Gedanken eine vollkommene Auflösung (Analyse) dieses Zustandes vorzunehmen. Er wird dann die einzelnen, unabänderlich gegebenen Elemente auf ihre Brauchbarkeit prüfen, sie logisch einordnen und zu einem einheitlichen Ganzen formen. Indem er sich mit seinen Gedanken in das innere Leben der Dinge hineinversetzt und sich bemüht, sie nach ihrer spezifischen Eigenart richtig zu erfassen, gewinnt er die Möglichkeit, sie in einer Weise, die ihrer Natur entspricht, mit den Bedürfnissen seiner wirtschaftlichen Existenz in Einklang zu bringen.

In dieser Weise müssen wir auch verfahren, wenn wir die richtige Organisationsidee der Hausversicherung gewinnen wollen. Es genügt nicht, an dem alten verfahrenen Bauwerk oberflächliche „Reparaturen“ oder „Ergänzungen“ vorzunehmen oder neue Ideen in Vorschlag zu bringen, wenn sie nicht bis in alle Konsequenzen durchgedacht sind.

Mögen diese Ideen an sich noch so gut sein, so können sie doch nicht helfen, wenn die Objekte, denen sie gelten, nach ihrer bisherigen Struktur nicht geeignet sind, als Träger ihrer Verwirklichung zu dienen.

Nehmen wir nun an, daß ein von Grund aus richtig aufgebautes Hausunternehmen zum Gegenstand eines Versicherungsvertrages gemacht wird, so müßte ein Teil des jährlichen Ertrages regelmäßig in Form von Versicherungsprämien zurückgelegt werden, um mit Zins auf Zins akkumuliert bei dem voraussichtlichen Ende des Hauses einen Ersatz für den während der Lebensdauer des Hauses vergänglichen Wert zu bilden. Erst diese wirtschaftliche Ansammlung von Prämienreserven in Höhe der zu erwartenden Entwertung ermöglicht es dann auch, die bisher noch nicht durch Versicherung gedeckten Gefahren und Risiken, denen der Hausbesitz bisher hilflos gegenüberstand, durch Risikoversicherung zu decken, weil nunmehr die oben gestellte Forderung, möglichste Verringerung und Bestimmbarkeit des vom Versicherer zu tragenden Risikos erfüllt ist. Es wird sich dann darum handeln, folgende drei Gefahren zu bekämpfen:

1. Vorübergehenden Ertragsverlust infolge Leerstehens von Wohnungen (Mietausfall).

2. Dauernden Wert- und Ertragsverlust infolge dauernder Entwertung des Hauses (wirtschaftliches Ende des Hauses).

3. Verlust des im Hause steckenden fremden Hypothekenvermögens oder seiner Zinsen (Hypothekenausfall).

Alle dem Hause sonst drohenden, aus Elementarkatastrophen herrührenden Gefahren sind bekanntlich durch ebenso gut eingeführte, wie zuverlässig arbeitende Versicherungen gedeckt. Auch in diesen Fällen bedeutet die Versicherung, wie Friedrich Kleinwächter in seinem Werk über „Das Wesen der städtischen Grundrente“ (Leipzig 1912, S. 194) trefflich hervorhebt,

„nichts anderes als den Kauf des Ersatzes für eine durch bestimmte Ereignisse eintretende Substanzvernichtung. Das mitspielende aleatorische Moment ändert nichts an dieser Tatsache. Der Hausproduzent könnte — freilich in ganz unwirtschaftlicher Weise — den Effekt der Versicherung auch dadurch erzielen, daß er sämtliche aufgewendeten Güter, die durch Brand, Wassereinbruch usw. zerstört werden können, gleich von vornherein bereitstellt, oder — was unter unseren wirtschaftlichen Verhältnissen dasselbe wäre — den hierfür erforderlichen Kapitalbetrag reserviert. Diese Aufwendung wäre prinzipiell geradeso eine Aufwendung von Produktionsgütern für das zu erzielende Schlußprodukt, wie die ursprünglich im Produktionsprozeß aufgewendeten Güter. Die Versicherungsprämie ist also nichts anderes als der Preis der — im Falle des Eintritts eines bestimmten Ereignisses — von der Versicherungsunternehmung (in Geldform) zu liefernden Produktionsgüter, um Hausnutzleistungen zu erzeugen. Daß dieser Preis aus dem Grunde niedriger ist als der Normalpreis, weil das Ereignis, von dem die Erfüllung durch die Versicherungsunternehmung abhängt, eventuell nicht eintrifft, berührt das Prinzip in keiner Weise.“

Wie kann man nun dazu gelangen, diese Idee des Ersatzes der Substanzverluste mit Hilfe der Sachwertversicherung auf den gesamten Komplex der Hausunternehmung auszudehnen?

Ich war mir darüber klar, daß die Bewirtschaftung eines Hauses wie bei jedem kaufmännischen Unternehmen, von dem große Teilwerte in bestimmten Ertragsobjekten angelegt sind, gehandhabt werden muß. Mehr noch als bei jeder anderen Unternehmung ruht hier das ganze Schwergewicht auf dem Objekt, mit dessen Ertragserhaltung das Unternehmen steht und fällt. Schon durch den Umstand, daß das Haus seine jeweiligen Besitzer überlebt, hat es eine relativ selbstständige Eigenexistenz, eine mehr persönliche Lebensdauer über die verschiedenen Besitzergenerationen hinaus. Seine Generation dauert solange wie die Summe seiner Eigentümergenerationen und muß als Einheit für diese längere Zeitspanne behandelt werden.

Es wäre daher falsch, das Schicksal des Hausgrundstücks mit der Existenz seines mehr zufälligen jeweiligen Besitzers in der Weise zu verknüpfen, daß dessen Ende (ich denke an den Besitzwechsel wie an den Tod des Besitzers) ein maßgebendes Moment für die Bewirtschaftung bedeutet wie etwa bei der Hypothekarlebensversicherung. Gewiß kann der Bewirtschafter des Hauses durch pflegliche Behandlung viel für die Erhaltung der Gebäude und ihres Ertrages leisten. Aber sein Schicksal erscheint für diese Unternehmung nicht so wichtig, wie etwa bei anderen Unternehmungen, bei denen die persönliche und finanzielle Beteiligung der Inhaber eine so ausschlaggebende Rolle spielt, daß für den Schutz und die Erhaltung dieser hervorragenden objektiven Werte die eingangs geschilderte Geschäftsversicherung in Betracht kam, die innerhalb des objektiven Gesamtwerts auch den Lebenswert des Führers der Unternehmung erfaßt.

Hier mußte das Haus selbst als ein Wirtschaftsobjekt mit mehr selbständigem Eigenleben betrachtet und die Sicherung seines Ertragsbestandes, seine Versicherung, von der Person des jeweiligen Besitzers losgelöst werden:

Durch jahrhundertelange Forschungen hat man gefunden, daß die Lebensdauer von Menschengenerationen und deren allmähliches Absterben von bestimmten Gesetzen beherrscht wird. Durch Ansammlung von Erfahrungen aus längeren Zeitperioden ist man zu Absterbeordnungen und Sterblichkeitstafeln gelangt, auf denen sich dann das Gebäude der Lebensversicherung aufgebaut hat, indem man durch Anwendung mathematischer Grundsätze auf die gewonnenen statistischen Ergebnisse diese in exakte Formen gebracht hat, die eine genaue rechnungsmäßige Darstellung des Risikos der Lebensversicherung ermöglichen. Im Laufe der Zeit ist dann die Technik der Lebensversicherung so vervollkommnet worden, daß sie das Beste darstellt, was an praktischen Einrichtungen auf dem Gebiete der Versicherung geschaffen worden ist.

Da ich aus der Geschäftspraxis genau mit den Einrichtungen der Lebensversicherung vertraut war, kam ich auf die Idee, die bewährte Praxis der Lebensversicherung auf den Organismus eines Hausgrundstücks zu übertragen und das Leben des Hauses zu dem Leben des Menschen in Parallele zu stellen.

Auch der Hausorganismus hat eine bestimmte Lebensdauer, und für eine Gesamtheit von Häusern kann man, wie wir gesehen haben, von Hausgenerationen sprechen. Auch im Leben der Hausgenerationen müssen sich gewisse Gesetzmäßigkeiten finden lassen. Wenn es gelänge, das Hausleben statistisch zu beobachten und zu erfassen, so wäre damit für die Hauslebensversicherung dasselbe

Fundament geschaffen, wie für die Lebensversicherung des Menschen.

Wie die Sterblichkeitsforschung zur Aufstellung von Menschen-Sterbetafeln geführt hat, so muß es auch möglich sein, durch Beobachtung von Hausgenerationen eine analoge statistische Unterlage zu schaffen, die man als Haussterbetafeln bezeichnen könnte. Wir haben gesehen, daß die Lebensepoche eines Hausgrundstücks sich in ihrer Dauer aus der Summe der Lebensepochen der Besitzergenerationen zusammensetzt. Für die jetzt lebende Generation ist es deshalb unmöglich (weil nämlich bisher derartige Beobachtungen nie ausgeführt worden sind), bis zur Fertigstellung exakter statistischer Unterlagen zu warten. Erst in der Zukunft wird es möglich sein, auf Grund direkter Beobachtungen solche Haussterbetafeln aufzustellen. Wie überwinden wir nun dieses scheinbar unüberbrückbare Hindernis?

Die Wissenschaft hat längst erkannt, daß es nicht nur bei Lebewesen, sondern auch bei scheinbar leblosen Güterkategorien immer gültige Gesetze gibt, nach denen sich ihre Existenzform und ihre Vergänglichkeit richtet. Haben wir aber diesen Zusammenhang oder Parallelismus zwischen Lebendigem und Leblosem erkannt, so ergibt sich daraus die logische Folge, die Erfahrungen, die man aus Beobachtungen lebender Wesen gewonnen hat, entsprechend modifiziert auf leblose Gegenstände, insbesondere ertragsfähige Güter zu übertragen. Wir dürfen uns nun aber nicht darüber täuschen, daß ganz erhebliche Unterschiede in der organischen Zusammensetzung zwischen diesen beiden Vergleichsobjekten bestehen, und man darf nicht etwa erwarten, daß die Absterbeordnung einer Menschengeneration ein getreues Abbild des allmählichen Vergehens einer Häusergeneration darstellt.

Dieser unzweifelhaften technischen Schwierigkeit steht nun aber die Tatsache gegenüber, daß der Mensch über die Grundstoffe, aus denen er eine Güterkombination konstruiert, und die Wirkung dieser Stoffe auf die Dauer des Gesamtobjekts Erfahrungen besitzt und einen bestimmenden Einfluß auf die Zusammensetzung und den Aufbau eines Ertragsobjekts ausüben kann. Ist es auch beim Menschenleben möglich, bei der fortgeschrittenen medizinischen Wissenschaft organische Fehler zu erkennen und danach die voraussichtliche Lebensdauer zu ermitteln, so kann man doch auf die Erschaffung eines Menschen keinen so selbständigen, berechenbaren Einfluß ausüben. Der „Homunculus“ bleibt ein unlösbares Problem. Selbst die gründlichste vertrauensärztliche Untersuchung hat nach den übereinstimmenden Feststellungen der Lebensversicherungsgesellschaften einen zeitlich sehr begrenzten Wert für die Bemessung des Risikos; durchschnittlich nur für die ersten fünf Versicherungsjahre soll ihr Urteil Wert haben. Die Organe des Menschen können sich eben schon in verhältnismäßig sehr kurzen Zeiträumen so verändern, daß ärztliche Beobachtungen gegenstandslos werden.

Ganz anders bei einer materiellen Stoffkombination. Hier liegt es in der Hand des Erschaffers, die für sein Projekt brauchbarsten Bedingungen auszuwählen. Er kann entsprechend den verfügbaren Mitteln, entsprechend dem Zweck und der beabsichtigten Dauer des zu schaffenden Objekts die für seinen Plan tauglichen Produktionsfaktoren anwenden. Er kennt den herrschenden Zinsfuß und hat bei Berücksichtigung aller dieser Momente die Mittel in der Hand, bis zu einem gewissen Grade seinem Werke einen bestimmten Lebensgang vorzuschreiben, er kann es nach seinen Gedanken gewissermaßen wirtschaftlich beseelen.

So sehen wir, daß die leichtere Erkennbarkeit des Menschenlebenrisikos mit Hilfe der bereits gesammelten Erfahrungen aufgewogen wird durch die genauere Bestimmbarkeit und die Möglichkeit der Einwirkung auf den Produktionsprozeß der Güterkombination.

Auch die Erhaltung eines Gutes nach seiner Fertigstellung erscheint in höherem Maße vom menschlichen Willen abhängig als die Erhaltung eines Lebewesens. Kann der Chirurg auch durch operative Eingriffe selbst schwerste Erkrankungen beheben und so das Leben des Menschen erhalten, so ist seinem Wissen und Können doch früher eine Grenze gesetzt, als etwa einem Bautechniker, der das sogenannte tote Material behandelt.

Die Grenzen, die dem Leben eines Hauses gezogen sind, können demnach mit weit größerer Wahrscheinlichkeit in ihrer Gesetzmäßigkeit erfaßt werden als die des Menschenlebens. Wenn man nun hier in der Regel mit einem Zeitraum von 50—70 Jahren rechnet, innerhalb dessen der Wert des Hauses sich auslebt, so kann prinzipiell nicht bestritten werden, daß der ganze Bewirtschaftungsplan auf dieser zeitlichen Grundlage beruhen muß. Es wird also auch eine zweckmäßige Versicherungsorganisation durch Beobachtung dieser Lebens- und Absterbeordnung der Hausobjekte zu begründen sein, wenn die praktische Schwierigkeit diese Vorgänge statistisch zu erfassen, zunächst auf dem Wege einer mathematischen Hilfskonstruktion nach Analogie der Lebensversicherungstechnik zu überwinden ist.

IV. Die praktische Durchführung der Hauslebensversicherung.

Um die praktische Durchführung der Hauslebensversicherung schon in der Gegenwart zu erreichen, mußte ich danach streben, mathematische Methoden zur Anwendung zu bringen, die bei angemessener Verwertung durch sachverständige Taxatoren die Benutzung einer provisorischen Haussterbetafel schon jetzt ermöglichen. Es gelang mir nun, einen der erfahrensten und angesehensten deutschen Versicherungsmathematiker für diese Aufgabe zu interessieren, der durch hypothetische Berechnungen und durch geeignete Modifikationen einer aus Beobachtungen versicherter Leben abgeleiteten Sterbetafel (und zwar einer lediglich nach der Versicherungsdauer, d. h. nach der Dauer der Zugehörigkeit zu einer bestimmten Versicherungsgemeinschaft abgestuften), die mathematischen Grundlagen und den technischen Unterbau schuf, dessen wir für die Ausgestaltung der Hauslebensversicherung in erster Linie bedurften. Bei der weiteren Ausarbeitung des Planes stand mir ein mit dem Versicherungs-, Grundstücks- und Hypothekenwesen vertrauter Jurist tatkräftig zur Seite, so daß dem projektierten Unternehmen nunmehr auch genau umschriebene Rechtsgrundlagen gegeben werden konnten[1]). Der auf diese Weise vollendete Plan der Hauslebensversicherung hat bereits die Anerkennung einer Anzahl führender Fachleute der Versicherungs- und Rechtswissenschaft gefunden[2]).

Wir haben gesehen, daß die Gefahren, denen ein Grundstück während seines Bestehens (abgesehen von den Elementargefahren) ausgesetzt ist, dreierlei Art sein können, und daraus ergibt sich in natürlicher Weise eine Dreiteilung für die Versicherungsmaßnahme zur Erhaltung seines Ertragsbestandes.

---

[1]) Ein Exemplar der Allgemeinen Versicherungsbedingungen ist zur Orientierung als Anhang B der Arbeit beigefügt.

[2]) Insbesondere: Ehrenberg, Leipzig; Gruner, Berlin; Hoeckner, Leipzig; Rehm, Straßburg; Kohler, Berlin.

Die Grundlage unserer Maßregeln muß die Versicherung gegen dauernde Entwertung bilden, die nicht als reine Risikoversicherung, sondern als eine Verbindung von Spar- und Risikoversicherung genügende wirtschaftliche Sicherheit für die Übernahme der anderen Risiken schafft. Ist es erst gelungen, den ständig lauernden Feind der dauernden Entwertung von Grund auf unschädlich zu machen und eine planmäßige und geordnete Bewirtschaftung des ganzen Hausunternehmens sicherzustellen, dann ist es verhältnismäßig ungefährlich und überhaupt erst praktisch möglich, den Hausbesitzer auch gegen Schäden infolge vorübergehenden Leerstehens von Mieträumen und den Hypothekengläubiger gegen Verlust von Zinsen und Kapitalien zu schützen.

Zuerst versuchte ich, die reine Sparversicherung, bei der ein Kapital am Ende einer bestimmten Versicherungsdauer zur Auszahlung gelangt (ohne Rücksicht darauf, ob der Versicherte noch am Leben oder schon tot ist), in Anwendung zu bringen; durch diese würde der Hausbesitzer zur Ansammlung eines Reservefonds angehalten werden, der aber erst nach Ablauf der im voraus festgesetzten Versicherungsdauer in voller Höhe für den Versicherungsnehmer verfügbar ist. Hierdurch wäre gewiß schon ein beachtenswerter Fortschritt erreicht, ohne daß jedoch dadurch der Hauptvorteil der Lebensversicherung, daß nämlich schon früher, also vor Ablauf der Versicherungsdauer bei Eintritt des Versicherungsfalls der volle Versicherungsschutz gewährt wird, zur Geltung käme.

Ich mußte daher die abgekürzte Todesfallversicherung (gemischte Versicherung auf den Ab- und Erlebensfall), die auch in der Lebensversicherung alle anderen Arten an Beliebtheit übertroffen hat, zum Vorbild nehmen und so die Spartätigkeit mit der Versicherungstätigkeit verbinden, indem ein Teil der Prämien bis zum Ende des Vertrages zinsbar angesammelt, der andere Teil während der Vertragsdauer zur Auszahlung der Versicherungssumme in Schadenfällen vor dem vertraglich bestimmten Ende der Versicherungsdauer verwendet wird. Dadurch hätte der Hausbesitzer beim wirtschaftlichen Tode des Hauses, nämlich dann, wenn der Ertrag unter ein Niveau sinkt, bei dem ein Aufrechterhalten des Unternehmens nicht mehr rentabel erscheint, das Kapital zur Verfügung und damit einen Ersatz für den vergangenen Wert des Hauses.

Um aber das Versicherungsunternehmen nicht durch Übernahme allzu großer Risiken schon in seinen Anfängen zu gefährden, sind wenigstens während der ersten Zeitperioden, in denen spezielle Erfahrungen über die Lebensdauer von Häusern gewonnen werden müssen, gewisse Kautelen notwendig.

Eine Beobachtungszeit von höchstens zehn Jahren, nach deren Ablauf eine Modifizierung oder Aufhebung des Vertrages von beiden Seiten beantragt werden kann, wird uns die Schaffung einer zuverlässigen Grundlage für die endgültige Übernahme des Risikos ermöglichen. Eine derartige Klausel beschränkt aber den Wert der Versicherung für den Versicherungsnehmer in weit geringerem Maße als die Wartezeit bei der Lebensversicherung; denn bei der Möglichkeit der Einwirkung des Menschen auf den Aufbau und die Zusammensetzung materieller Produktivgüter und der dadurch bedingten viel genaueren und sichereren Abschätzbarkeit des unter Risiko stehenden Objekts kann man für eine je nach der Güte des letzteren kürzer oder länger bemessene Zeitspanne mit ziemlicher Sicherheit das Risiko hinsichtlich seiner dauernden Entwertung begrenzen. Überdies müßte eine möglichst vorsichtige Auswahl der Versicherungsobjekte in der ersten Zeit die Entstehung allzu großer Schäden verhindern.

Eine weitere Vorsichtsmaßnahme erster Ordnung ist die — der vertrauensärztlichen Untersuchung bei der Lebensversicherung entsprechende — sachverständige Abschätzung des Wertes und voraussichtlichen Ertrages und damit der Lebensdauer des Versicherungsobjekts. Daß dem Taxwesen im Grundbesitz, wie es bis heute gehandhabt wird, große Mängel anhaften, und daß diese zum nicht geringen Teil Schuld an der ungesunden Lage des Hausbesitzes trägt, wird in Fachkreisen allgemein anerkannt. Auch unsere vorhandene private und amtliche Statistik kann nur mit größter Zurückhaltung Verwendung finden. Bestrebungen zur Besserung des Taxwesens und zu zuverlässigen statistischen Erhebungen sind im Gange. Auch bei Reorganisation sowohl des Taxwesens wie der Statistik erscheint die Hauslebensversicherung berufen, eine maßgebende Rolle zu spielen.

Könnten wir die Hauslebensversicherung nur auf Hausneubauten beschränken, so wäre hier eine möglichst sachliche Taxierung, die unseren Zwecken dient, verhältnismäßig leicht, weil uns alle Faktoren, die bei der Gründung des Hausunternehmens mitwirken sollen bzw. mitgewirkt haben, bekannt sind, und wir selbst bei eine unvollkommenen und von Privatinteressen beeinflußten Taxe unschwer die Fehler erkennen und unsere Maßnahmen danach einrichten könnten. Andererseits wird rückwirkend die Berücksichtigung der Erfordernisse der Hauslebensversicherung mit ihrer zeitlichen Prognose einen erzieherischen Einfluß auf die vollkommenste Beobachtung aller Elemente des Taxwesens ausüben, so daß bereits bei Gründung seines Unternehmens der Hausunternehmer genötigt wird, eine richtige Eröffnungsbilanz und eine planmäßige Kalkulation für den Wirtschaftsorganismus und seinen ganzen Lebensgang aufzustellen.

Hierdurch wäre nicht allein ein großer volkswirtschaftlicher Nutzen durch die allgemeine Beachtung der wirtschaftlichsten Produktionsbedingungen geschaffen, es wäre auch für unsere Einrichtung eine sichere Rechnungsgrundlage und eine bessere Übersicht gewonnen, die den Mangel an Erfahrungen zum großen Teil ausgleichen dürfte.

In dem Plan des Hausunternehmens muß gleichzeitig die beabsichtigte Dauer seines Bestandes bestimmt sein, die wiederum die Dauer der Versicherung bezeichnet, da beim wirtschaftlichen Tode des Hauses, d. h. zu dem Zeitpunkt, an dem es für die Dauer nicht mehr einen genügenden Ertrag abwirft, um als wirtschaftlich rentabel zu gelten, durch die Versicherungsgesellschaft ein Kapital zur Verfügung gestellt werden muß, das den geschwundenen Wert zu ersetzen hat.

Es wären hiernach also solche Objekte für die Hauslebensversicherung am geeignetsten, die von ihrer Entstehung bis zum Untergang von ihr begleitet und gesichert werden könnten (Neubauobjekte).

Wollten wir uns jedoch nur auf solche Objekte beschränken, so würde die Mehrzahl der Hausgrundstücke aus unserem Wirkungskreise ausscheiden, so daß dem Hausbesitz in der Gegenwart wenig geholfen wäre. Wir müssen unsere Aufmerksamkeit daher auch solchen Hausunternehmungen zuwenden, bei denen ein Teil der Wirkungszeit bereits abgelaufen ist. Hier ist uns allerdings in der Regel der Wirtschaftsplan, der ihrer Entstehung zugrunde gelegen hat, nicht zugänglich. Wir müssen daher versuchen, auf Grund besonders vorsichtiger Taxierungen ihre voraussichtliche Lebensdauer abzuschätzen. Als Versicherungsdauer kommt hier nur eine kürzere Zeit in Frage, die dem restlichen Ablauf ihres Güterlebens entspricht.

Nicht alle Häuser werden sich zur Versicherung eignen, nämlich besonders die nicht, bei denen sich schon ein Sinken des Ertrages unter einen gewissen Normalertrag, den wir später noch näher zu definieren haben, beobachten läßt, wie wir überhaupt ein Allheilmittel für alle wirtschaftlichen Schäden auf dem Wege der Versicherung nicht finden können.

Im allgemeinen wird, besonders bei neuen Häusern eine lange Lebens- und damit Versicherungsdauer gegeben sein. Man nimmt bei städtischen Hausgrundstücken eine durchschnittliche Lebensdauer von 50—70 Jahren an. Einen Vertrag auf eine so lange Dauer zu schließen, wäre für beide Parteien eine Bindung auf Zeiträume, in denen zu große wirtschaftliche Umwälzungen die ganze Grundlage des Vertrages verschieben können, so daß er seinen Zweck nicht mehr zu erfüllen vermag. Selbst die sachverständigste Schätzung kann irren, da sie von vielen unberechenbaren und unvoraussehbaren Faktoren abhängig ist. Sollen derartige Fälle nicht zu einer dauernden Schädigung des Versicherers führen, so ist eine Neutaxierung im Laufe der Versicherungsdauer nicht zu umgehen, durch die entsprechend den Wert- und Zeitverhältnissen die Grundlage des Vertrages geändert wird. Auch für den Versicherungsnehmer kann, abgesehen von Besitzwechsel und Erbfall des Versicherungsobjekts, eine Bindung auf so lange Zeit lästig werden.

Nach dem Vorbild der Immobiliarfeuerversicherung erscheint daher eine Einteilung der Versicherungsdauer in zehnjährige Versicherungsperioden, nach deren Ablauf der Vertrag nötigenfalls unter Vornahme einer Neutaxierung erneuert werden muß, am zweckmäßigsten. Die erste dieser Dekaden wäre die oben erwähnte Beobachtungszeit, nach deren Ablauf noch beiden Parteien ein Kündigungsrecht zusteht. Unter Umständen kann sich eine Verlängerung um weitere zehn Jahre Beobachtungszeit als notwendig erweisen. Erst wenn der Versicherer das Risiko bis zum Ende der Lebensdauer des Hauses mit genügender Klarheit übersehen kann, wird er sich zur endgültigen Übernahme des Risikos verpflichten und darf nicht mehr die Möglichkeit haben, sich durch Kündigung seiner Leistungspflicht zu entziehen.

Trotz ihrer Zerlegung in die zehnjährigen Perioden bleibt die Gesamtversicherungsdauer als Grundriß unserer ganzen Haussicherungsmaßnahme und als charakteristisches Merkmal für den Aufbau sowie die Versicherungspolitik des beabsichtigten Unternehmens bestehen. Denn während dieser Gesamtdauer ist es ohne Überspannung der Leistungen des Hausbesitzers möglich, daß am Ende der Lebensdauer des Objekts das zum Ausgleich der Entwertung erforderliche Kapital tatsächlich vorhanden und verfügbar ist.

Durch die Hauslebensversicherung genießt der Versicherungsnehmer hinsichtlich der Schäden infolge dauernder Entwertung den Versicherungsschutz, indem ihm der dauernde Minderertrag oder sogar der vergangene Wert in Form der Versicherungssumme von der Versicherungsgesellschaft ersetzt wird. Der Hauptgrundsatz, der hierbei zu beachten ist, ist der, daß in der Regel während der Versicherungsdauer nur der Minderertrag, und zwar zweckmäßig in der Form einer bis zum Ende derselben zahlbaren Rente auszugleichen ist. Nur in besonderen Ausnahmefällen, in denen eine so große vorzeitige Entwertung des Objekts stattgefunden hat, daß eine Fortführung des Hausunternehmens bis zum Ende der Versicherungsdauer keinen wirtschaftlichen Nutzen mehr verspricht, soll schon früher auch das ganze Versicherungskapital fällig werden. Analog der Lebensversicherung wird am Ende der Versicherungsdauer unter allen Umständen, d. h. ohne Rücksicht darauf, ob eine dauernde Entwertung des Objekts eingetreten ist oder nicht, die vertraglich festgesetzte Versicherungssumme ausgezahlt.

Wann ist nun der Versicherungsfall, d. h. dauernde Entwertung des Hauses anzunehmen?

Wir nannten unsere Maßnahme die „Hauslebensversicherung“ und waren uns darüber klar, daß das Haus in dem Grade wirtschaftlich abstirbt, in dem sein Ertrag abnimmt. Der Hauptversicherungsfall wäre also der, daß das Haus stirbt, d. h. daß der noch vorhandene Ertrag nicht mehr die zu seiner Erhaltung aufzuwendenden Kosten deckt, also seine Vernichtung und damit die Nutzbarmachung des noch vorhandenen Material- und Bodenwertes für ein neues Hausunternehmen, das den veränderten Verhältnissen besser entspricht, angebracht erscheint. Das den Hauptversicherungsfall herbeiführende Moment ist also die Unrentabilität des Hauses; eingetreten ist er, wenn dieser Zustand nach menschlicher Voraussicht ein dauernder geworden ist. Ist die Ertragsminderung nämlich nur eine vorübergehende, so liegt nur ein Nebenversicherungsfall vor, und für solche Fälle hat man bisher beim Hause eine einfache Risikoversicherung durchführen zu können gewähnt. Wir werden später sehen, daß, wenn das Hausunternehmen in seinem ganzen Verlauf durch die Hauslebensversicherung in eine solide Bahn gelenkt ist, derartige vorübergehende Schäden durch eine einfache Zusatzversicherung zur Hauslebensversicherung verhältnismäßig leicht auszugleichen sind.

Wie die Erwerbsfähigkeit des Menschen mit zunehmendem Alter allmählich abnimmt, und wie man versucht hat, durch die Invaliditätsversicherung hierfür einen Ausgleich zu schaffen, so wird in der Regel auch dem wirtschaftlichen Tode des Hauses eine Periode vorangehen, während der eine zunehmende Ertragsminderung festzustellen ist. Die Rente der Hauslebensversicherung, die hier analog eingreifen und diese Ertragsminderung ausgleichen soll, wird also einzusetzen haben, wenn der Ertrag dauernd fühlbar nachläßt und im allgemeinen gegen Ende der Versicherungsdauer allmählich zunehmen[1]).

Da im Lebenslauf der Hausunternehmungen wie im Wirtschaftsleben überhaupt gute und schlechte Zeiten in Wellenbewegung abzuwechseln pflegten, so muß es unser Bestreben sein, die Unebenheiten im Ertrage derart auszugleichen, daß ein Durchschnittsertragsniveau dauernd erhalten bleibt. Dieser Ausgleich muß das Hauptziel jeder Wertstabilisierungsmaßnahme überhaupt sein; denn wie wir im folgenden sehen werden, bewirkt ein solcher Ausgleich selbsttätig die Verlängerung der Wertdauer.

In unserem Kampfe gegen die Depressionsperiode haben wir aber nicht nur auf Einflüsse Rücksicht zu nehmen, die von außen ungünstig auf den Gang des Unternehmens einwirken können, sondern wir müssen in gleicher Weise unsere Aufmerksamkeit den Ursachen zuwenden, die in der Struktur des materiellen Ertragskomplexes begründet sind. Wir müssen in erster Linie prüfen, ob nicht durch eine Veränderung der stofflichen Zusammensetzung des Objekts eine nachhaltige Steigerung seines Ertragswertes zu erzielen ist. Eine durchgreifende Reparatur oder ein Umbau des Hauses wird sehr oft eine solche Ertragserhöhung, ja eine Lebensverlängerung bewirken.

[1]) Vgl. zur Erläuterung besonders das im Anhang beigefügte praktische Beispiel.

Bei den bisherigen wirtschaftlichen Maßnahmen[1]), die zur Sicherung des Hauses versucht worden sind, besteht keine Möglichkeit, auch für derartige Fälle dem Hausunternehmer die nötigen Mittel zur Verfügung zu stellen. Bei der Hypothekenversicherung z. B. wird nur der Zinsen- oder Hypothekenausfall, bei der Mietverlustversicherung der Mietausfall gedeckt, und nur auf diese ganz speziellen Leistungen ist das Versicherungsunternehmen bisher zugeschnitten gewesen. An eine Bekämpfung der Grundursachen, die das Versicherungsobjekt in seinem innersten Mark schädigen, hat man scheinbar kaum gedacht, obwohl ihre Berücksichtigung nahegelegen haben muß. Eine Erklärung hierfür läßt sich nur in dem Umstande finden, daß bei der bisherigen planlosen Hauswirtschaft offenbar weder der Hausbesitzer selbst dazu in der Lage war, die nötigen Mittel zur Reservestellung aufzubringen, noch auch die Versicherungsgesellschaft, die mit den gegebenen Verhältnissen rechnen und die geringe Leistungsfähigkeit der Versicherungsnehmer berücksichtigen mußte und nicht so hohe Prämien einfordern durfte, um auch für Materialerneuerungen oder -ergänzungen die notwendigen Mittel aufzubringen.

Wir sehen hier wieder deutlich, wie wir bereits bei der Grundsteinlegung unseres Baues die fundamentalen Gesetze der Zweckmäßigkeitsorganisation zu beachten haben. Nur durch die planmäßige Kalkulation bei Errichtung eines Gebäudes, die über die normale Verzinsung so viel Reinertrag dem Unternehmer in Aussicht stellt, daß er in die Lage versetzt wird, neben seinem persönlichen Bedarf so viel an Rücklagen zu erübrigen, daß er für die oben bezeichneten Zwecke genügende Mittel bereit hat, kann hier von Grund aus eine Besserung erwartet werden. Die Zeit wird die Menschen lehren, daß jedes wirtschaftliche Unternehmen nur dann zum Leben erweckt werden darf, wenn diese Grundforderung erfüllt wird[2]). Würde schon heute jeder Unternehmer in dieser Weise selbständig verfahren, so wäre er schon eher dazu in der Lage, seine wirtschaftliche Existenz zu wahren; so aber muß er

[1]) Vgl. auch insbesondere die Amortisationshypothek.

[2]) Die „angemessene Miete", die der Kalkulation bei der Errichtung eines Gebäudes zu Grunde liegt, hat m. E. wenigstens zu umfassen: Den Arbeitslohn für die Mühen des Hausunternehmers; die Hypothekenzinsen; eine Reserve für Hypothekenerneuerungskosten; die Steuern, Gebühren und Abgaben; die Elementarversicherungsprämien; eine ausreichende Amortisationsquote; eine angemessene jährliche Reparaturenrücklage und einen Sicherheitsfonds für Mietsausfälle.

sich einer Führerin bedienen, die ihm systematisch den richtigen Weg weist.

Die Hauslebensversicherung veranlaßt den Hausunternehmer dazu, den Plan seines Unternehmens so anzulegen, daß er mit verhältnismäßig geringen Opfern den großen Erfolg einer möglichst vollkommenen Sicherung des Dauerbestandes seines Unternehmens erreicht.

Durch die Vereinigung des Sparmoments mit dem Versicherungsmoment wird es nämlich erreicht, daß bei der Hauslebensversicherung wie bei gemischten Lebensversicherungen im Laufe der Versicherungsdauer eine allmähliche Ansammlung von Reserven stattfindet, die am Ende der Versicherungsdauer die volle Höhe der Versicherungssumme erreichen müssen. Diese Reserven kann man wie bei der Lebensversicherung als Deckungskapital bezeichnen (bisher wurden sie meist fälschlich Prämienreserve genannt).

Diese vollständige Analogie zur Lebensversicherung gestattet uns, alle ihre Vorteile, die im Vorhandensein einer solchen Rücklage ihren Grund haben, auch hier in Anwendung zu bringen. Diese Vorteile bestehen vor allem in der Beleihungs-, Umwandlungs- und Rückkaufsfähigkeit einer Lebensversicherungspolice. Auch in diesem Fall ergibt sich wenigstens hinsichtlich der Beleihung ein erhebliches Moment zugunsten der Hauslebensversicherung.

Dem Hausbesitzer wird aus dem Deckungskapital ein Darlehen gewährt. Mit Hilfe dieser Unterstützung, die vornehmlich bei längerem Bestande der Versicherung und gerade im kritischen Alter des Gebäudes in einem Umfange möglich ist, der selbst eine sehr weitgehende zeitgemäße Umgestaltung gestattet, kann eine erhebliche Lebensverlängerung des Hausunternehmens erreicht werden. Die Aufnahme eines Darlehens kann hier ohne irgend eine neue Aufwendung erfolgen, da durch die Verlängerung der Lebensdauer des Versicherungsobjekts auch die Versicherungsdauer verlängert werden kann, wodurch im Laufe der Zeit ohne jede Prämienerhöhung durch Zinsen und Zinseszinsen das Deckungskapital bis zum hinausgeschobenen neuen Ende der Versicherung wieder zur vollen Höhe der Versicherungssumme anwächst. Auch die Aufnahme eines verzinslichen Darlehens ist denkbar; es käme dann eine Erhöhung der Prämienleistung ohne Verlängerung der Versicherungsdauer in Betracht. Endlich ist auch noch eine

Kompensation des Darlehens durch eine Herabsetzung der zukünftigen Versicherungsleistungen in Erwägung zu ziehen.

Am Ende der zehnjährigen Periode der Versicherung hat der Versicherungsnehmer, wenn er den Vertrag nicht fortsetzen will, Anspruch auf Auszahlung des vollen angesammelten Deckungskapitals. Das Gleiche ist der Fall, wenn die Versicherungsgesellschaft ihrerseits zu einer Kündigung des Vertrages schreitet.

Da es uns gelungen war, die Hauslebensversicherung auf der Grundlage einer zu diesem Zweck konstruierten Haussterbetafel in Analogie zur Lebensversicherung aufzubauen, so ist es auch bei ihr möglich, genau wie bei der Lebensversicherung die Art der Prämienzahlung den besonderen Verhältnissen des einzelnen Falles anzupassen. Die Prämie kann nämlich so berechnet werden, daß sie entweder während der ganzen Vertragsdauer oder nur während eines Teils derselben entrichtet zu werden braucht; sie kann ferner gleichbleibend oder veränderlich sein[1]).

Bei den bisher betriebenen Arten der Sachversicherung durfte eine bestimmte Versicherungssumme, die unter allen Umständen zur Auszahlung gelangt, im Vertrage nicht angegeben sein. Bei Schäden wurde immer nur im Höchstfalle der entstandene Verlust ersetzt. Bei unserer Versicherungsart ist die Verpflichtung zur unbedingten Zahlung einer bestimmten Summe jedoch unbedenklich, einmal im Hinblick darauf, daß die Versicherung zum Teil Sparversicherung ist, bei der lediglich durch zinsbare Anlage von Prämien das Kapital gebildet wird, dann aber auch, weil durch die alle zehn Jahre mögliche Neutaxierung die Versicherungssumme den veränderten Wertverhältnissen angepaßt werden kann, so daß eine Überversicherung kaum jemals eintreten wird. Ganz unabhängig von der Höhe der Versicherungssumme wird jedenfalls bei Bemessung der Ausgleichsrenten nur der normale Ertrag des Hauses zugrunde gelegt werden.

Es ist nun vor allem noch die Frage zu klären, welcher Mindestertrag des Hauses noch einen wirtschaftlich rentablen Betrieb des Unternehmens gestattet. In erster Linie ist hier auf die Sicherung der zur Zinsdeckung des fremden in dem Hause angelegten Kapitals notwendigen Mindesteinnahme Bedacht zu nehmen. Bringt das Haus wenigstens noch so viel an Ertrag auf, daß die

[1]) Vgl. auch hierzu die Beispiele.

Hypothekenzinsen und Verwaltungskosten gedeckt sind, so hat der Unternehmer noch die Möglichkeit, seinen Betrieb aufrecht zu erhalten, ohne fremde Interessen zu schädigen, obwohl ihm sein Eigenkapital kein Einkommen mehr schafft. Dieses verschwundene Kapitaleinkommen des Unternehmers wird hier durch die Rente der Versicherungsgesellschaft ersetzt. Geht aber der Ertrag noch weiter zurück, so ist das Unternehmen unrentabel geworden und damit der vorerwähnte Hauptversicherungsfall eingetreten, der eine Rente in Höhe der vollen normalen Verzinsung des ganzen ertraglos gewordenen Kapitals bedingt (Vollrente).

Ist für die Zukunft eine Änderung dieses Zustandes nicht zu erwarten, das Gebäude also abbruchreif, so wird die Rente durch Zahlung der Versicherungssumme zum Neubau abgelöst. Die Feststellung, ob und in welchem Maße eine Entwertung anzunehmen ist, muß auf Grund unparteiischer sachverständiger Begutachtung entschieden werden und ist bei Streitigkeiten dem Urteil eines Schiedsgerichts, das aus Vertretern beider Parteien gebildet wird, zu unterwerfen.

Natürlich muß der Versicherungsnehmer ein gewisses Eigenrisiko tragen, das ihn zu möglichst intensiver Bewirtschaftung des Hauses veranlaßt und die Gesellschaft vor allzu häufiger Inanspruchnahme schützt.

Da außer allen besprochenen Sicherungsmaßnahmen auch die Prämien so vorsichtig bemessen sind, daß das Unternehmen allen Anforderungen ohne Schwierigkeiten gerecht zu werden vermag, so dürfen wir bei normaler Geschäftsführung Überschüsse, insbesondere aus Zinseinnahmen bei Anlage der bedeutenden Kapitalien, die bei der Gesellschaft zusammenströmen werden, erwarten. Wie bei der Gewinnbeteiligung der Versicherten in der Lebensversicherung bei Gegenseitigkeitsvereinen der ganze Überschuß, bei Aktiengesellschaften in neuerer Zeit der allergrößte Teil des Geschäftsgewinns den Versicherten zugute kommt, so wird in hohem Grade auch bei der Hauslebensversicherung entsprechend der heutigen sozialen Gedankenrichtung der Überschuß soweit als möglich den Versicherungsnehmern in Form von Dividenden ausgezahlt werden. Aus technischen Gründen dürfte es zweckmäßig sein, diese Dividenden jeweils am Ende der zehnjährigen Perioden auszuschütten.

Die Hauslebensversicherung bietet mit ihrem Ersatz für die dauernde Entwertung des Hausgrundstücks die Möglichkeit, alle Gefahren von dem Hausunternehmen abzuwenden, die es im innersten Bestande bedrohen und seine Existenz vernichten können. Um das Unternehmen auch gegen vorübergehende, mehr zufällige Schäden zu schützen, ist es erforderlich, die Hauslebensversicherung durch Zusatzversicherungen zu ergänzen.

Das Bedürfnis nach einer Versicherung gegen vorübergehende Ertragsausfälle, die durch zeitweilige Minderung der Mietseinnahmen entstehen können, hat zur Einführung der **Mietverlustversicherung** geführt. Durch ihren Anschluß an die Hauslebensversicherung hört die Mietverlustversicherung auf, reine Risikoversicherung zu sein; das in der Hauslebensversicherung beruhende Sparmoment festigt sie so und erleichtert die Gefahr ihrer Übernahme für den Versicherer derart, daß trotz aller bisherigen Fehlschläge unter Nutzbarmachung der vorliegenden Erfahrungen auch hier ein Versicherungsschutz in noch nicht erreichter Vollständigkeit gewährt werden kann. Wird die Mietverlustversicherung nur bei solchen Objekten übernommen, die schon durch die Hauslebensversicherung geordnet, gegen die Hauptgefahren gesichert und damit gewissermaßen für die Mietverlustversicherung vorbereitet sind, so ist auch für diese Gefahren eine einfache Risikoversicherung möglich und geeignet. Bei derart soliden Hausbetrieben, wie sie die Hauslebensversicherung notwendig entstehen läßt, werden auch vorübergehende Mietausfälle viel seltener sein und besonders werden die Erfahrungen, die man durch genaue Beobachtungen des Lebensganges von Häusern bei der Hauslebensversicherung sammeln kann, auch für diesen Versicherungszweig einmal sichere Rechnungsgrundlagen schaffen.

Um aber die Mietverlustversicherung schon heute praktisch durchführen zu können, müssen wir bestrebt sein, auf Grund der schon vorliegenden Erfahrungen zu einer korrekten Prämien- und Entschädigungsrechnung zu kommen. Wir haben bereits gesehen, daß die Mängel der bisherigen Form der Mietverlustversicherung vor allem darin bestanden, daß es unmöglich war, im voraus eine feste Prämie zu bestimmen und gleichzeitig eine vertraglich festgelegte Mindestentschädigung zu gewähren. Auch hier gelang es unserem Mathematiker nach langjährigen mühsamen Versuchen einen Weg zur Bewertung des Beobachtungsmaterials und zur Prämienfeststellung zu finden[1]).

Noch mehr als bei der Hauslebensversicherung ist es hier erforderlich, den Versicherungsnehmer einen Teil des Risikos selbst tragen zu lassen. Bei der Verschiedenartigkeit von Mietobjekten war es überdies angebracht, eine Einteilung in eine Anzahl von Gefahrenklassen vorzunehmen, nach deren Höhe auch die Selbstbeteiligung abgestuft werden konnte. Der Hauptvorteil unserer Maßnahme ist wohl darin zu erblicken, daß trotz der Erhebung einer für alle Fälle feststehenden Prämie (ohne Verpflichtung zur Zahlung etwaiger Nachschüsse) eine gewisse Mindestentschädigung auch für schlechte Jahre gewährt werden kann, während in guten Jahren, in denen die Schäden hinter der Erwartung zurückbleiben, diese Mindestentschädigung eine beträchtliche Höhe erfahren kann. Die Mindestentschädigung ist jedoch schon in jedem Falle so hoch bemessen, daß der Hausunternehmer auch über vorübergehende Schwierigkeiten leicht hinwegkommen kann. Dieser Erfolg ist durch Aufstellung eines bis ins Kleinste ausgearbeiteten technischen Planes und eines Systems, das eine exakte Entschädigungsberechnung gestattet, erzielt worden.

Während es bisher nur möglich war, die Entschädigung erst nach Abschluß des Rechnungsjahres auszuzahlen, erlaubt die hier vorgeschlagene planvoll angelegte Methode, schon den Hauptteil der mutmaßlichen Entschädigung sofort nach Feststellung des Schadens dem Hausbesitzer zur Verfügung zu stellen. Diese Entschädigung darf natürlich dem Versicherungsnehmer nicht übermäßig lange gewährt werden; schon aus praktischen Gründen empfiehlt es sich, den Versicherungsnehmer gewissermaßen zu nötigen, selbst für Wiedereintreten normaler Verhältnisse durch Neuvermietung zu sorgen. Aber auch, weil eine Beschränkung des Risikos nach dieser Richtung unbedingt nötig ist, muß für die Entschädigung ein Zeitraum von höchstens zwei Jahren bedingt werden. Der Versicherer behält sich überdies ein Vermietungsrecht vor für den Fall, daß der Hausbesitzer böswillig die Wiedervermietung verhindert.

---

[1]) Es würde über den Rahmen unserer nationalökonomischen Arbeit hinausgehen, an dieser Stelle im einzelnen die komplizierten technischen Ausführungsbestimmungen zu erklären (vgl. hierzu das Beispiel und die Allgemeinen Versicherungsbedingungen).

Es bedarf keiner näheren Erörterung, daß in allen Fällen, wo eine erhebliche Verschlechterung des Risikos — sei es durch wahrheitswidrige Angaben bei Vertragsschluß oder durch Eintritt außergewöhnlicher besonderer Gefahrerhöhungsmomente — zu beobachten ist, eine kurzfristige Kündigung der Mietverlustversicherung unter Umständen auch bei Weiterbestehen der Hauslebensversicherung vorgesehen werden muß[1]).

Der Hausbesitzer, dem so durch die Hauslebensversicherung in Verbindung mit der Mietverlustversicherung dauernd die Mittel garantiert werden, die er zum Betriebe seines Unternehmens benötigt, ist somit auch in der Lage, in erster Linie die Darlehensgeber, die ihm im Vertrauen auf die Sicherheit und Stetigkeit seines Betriebes Hypotheken anvertraut haben, durch pünktliche Zinszahlung zu befriedigen, so daß es an sich kaum noch notwendig erscheint, daß die Versicherungsgesellschaft hierfür Vorkehrungen zu treffen hätte. Um aber dem Geldgeber die größtmögliche Sicherheit und Beruhigung zu gewähren und dadurch womöglich die Kreditbeschaffung im Grundbesitz zu erleichtern, sollen hier noch durch eine **Hypothekenversicherung** der regelmäßige Eingang der Zinsen und bei etwaiger Zwangsversteigerung unausgebotener Forderungen garantiert, sowie die Neubeschaffung gekündigter Hypotheken sichergestellt werden.

Es ist ohne weiteres klar, daß das Risiko, das die Gesellschaft hierdurch noch weiter übernimmt, nur ein sehr geringes sein kann. Bei der konstanten Wert- und Ertragserhaltung des Objekts brauchte der Versicherer eigentlich nur dafür zu sorgen, daß der notwendig vorhandene Ertrag aus der Hand des Hausbesitzers in die des Hypothekengläubigers gelangt. Nur in den (unwahrscheinlichen) Fällen, in denen der Hauseigentümer diese selbstverständliche Pflicht verletzt, käme ein Eingreifen des Versicherers in Frage. Kommt aber der Hausbesitzer seinen Verpflichtungen pünktlich nach, so wird auch kein Grund zur Zwangsversteigerung gegeben sein und die Fälle, in denen der Versicherer zur Ausbietung gezwungen ist, werden zu den größten Seltenheiten gehören. Die Beschaffung gekündigter Hypotheken vollends wird durch das angesammelte Deckungskapital erleichtert, welches ein wesentliches Moment der Sicherheit gewährt. Im Falle, daß

[1]) In den Bedingungen sind alle nur möglichen Fälle dieser Art geregelt und die Rechte und Pflichten beider Parteien genau umschrieben.

das Sparguthaben des Versicherungsnehmers durch Darlehen absorbiert ist, müßte die Rückversicherung eintreten.

Es kann somit die Hypothekenversicherung mit einer minimalen Zusatzprämie bei gleichzeitigem Bestehen der Hauslebensversicherung und Mietverlustversicherung übernommen werden.

Die Hypothekenversicherung stellt sich als letzte Ergänzung und eigentlicher Abschluß der durch die beiden anderen Versicherungen (Hauslebensversicherung und Mietverlustversicherung) für das Grundstück geschaffenen Reformmaßnahmen dar. Durch die genannten drei Versicherungen wird allen einem Hausunternehmen drohenden Gefahren in denkbar vollkommenster Weise vorgebeugt, außer den Fällen, die schon üblicherweise durch zuverlässige Spezialversicherungen gedeckt sind.

Die finanzielle Gesamtkontur des Hausgrundstücks ist durch die Hauslebensversicherung gewissermaßen vorgezeichnet. An Stelle buchmäßiger Reservebildung oder Abschreibungen wird bei einer Art Treuhänder durch Ansammlung ein Kapital akkumuliert[1]) und für jeden schwindenden Wert selbsttätig ein Ersatzwert gebildet[2]). Der Ersatzwert kann jederzeit dem Originalwert wieder einverleibt werden und wird, solange es irgend möglich ist, dessen Bestand erhalten. Endlich ist einmal für das verbrauchte Wertobjekt ein Kapital in anderer Gestalt (Geldkapital) zur Schaffung eines neuen Wirtschaftskörpers vorhanden, so daß hier auf dem Wege der Akkumulation eine völlige Regeneration gesichert erscheint[3]).

---

[1]) Wie sich die Kraft des Gesetzes der Akkumulation durch Zinsen und Zinseszinsen äußert, erkennt man, wenn man sich vergegenwärtigt, daß bei dem mäßigen Zinsfuß von nur 4% eine jährliche Rücklage von nur 500,— M. genügt, um in 57 Jahren ca. 100 000,— M. anzusammeln. Das Kapital ist nach

65	Jahren auf	143 508,—	M.
75	„ „	217 085,75	„
85	„ „	321 649,70	„
95	„ „	482 123,05	„
100	„ „	589 284,50	„
114	„ „	1 000 000,—	„

angewachsen. Hieraus ist zu ersehen, daß mit der zunehmenden Spardauer die Intensität der Akkumulation rapide zunimmt; dies bedingt ein konformes Abnehmen der Prämienhöhe für entsprechend lange Versicherungsdauer.

[2]) In der Theorie ist als Versicherungswert der Wert zu betrachten, der in unserem Sinne als vergänglich anzusehen ist; der Materialrestwert zusammen mit dem Arealwert ist unvergänglich und somit aus der Versicherung zu eliminieren.

[3]) Wegen aller weiteren Einzelheiten insbesondere über zahlenmäßige Prämienangaben vgl. das als Anhang A beigefügte, praktische Beispiel.

Wie sich aus der Hauslebensversicherung eine Umgestaltung des Immobiliarkredits als notwendige Folge ergeben wird, ist besonderer Erwägung wert. Da durch die Sparversicherung große Kapitalien angesammelt werden, so wird auch an die zinsbare Anlage dieser Kapitalien in weiterem Umfange als bisher zu denken sein. Es liegt nun am nächsten, sie in Form von Darlehen (Hypotheken) den Versicherungsnehmern selbst, die die Prämien aus dem Ertrage ihres Hauses erspart und zurückgelegt haben, wieder zufließen zu lassen. Auf diesem Wege würden die Hausbesitzer allmählich von den Kreditgebern unabhängiger gemacht werden und sich mittelbar selbst nötigen Kredit gewähren.

Nach den zur Zeit geltenden Rechtsbestimmungen dürfen Versicherungsgesellschaften ihre Kapitalien nur in erststelligen Hypotheken (bis zur Höchstgrenze von 60% des Taxwertes) und in mündelsicheren Papieren anlegen. Durch die Hauslebensversicherung mit angeschlossener Mietverlust- und Hypothekenversicherung würde jedoch das Kreditobjekt in einem so hohen Maße gesichert sein, daß die Gründe, die bisher gegen die Anlage von Versicherungsgeldern in nachstelligen Hypotheken angeführt wurden, wenigstens für diesen Fall ihre Bedeutung verlieren. Es erscheint also nicht unberechtigt, eine Änderung der Bestimmungen nach dieser Richtung hin anzustreben, die sich logisch aus dem ganzen Aufbau unserer Einrichtung ergibt. Es würden dann im Laufe der Jahre die Kapitalien, die zur Anlage frei werden, soweit sie nicht für Reparaturdarlehen in Anspruch genommen werden, in steigendem Maße auch für zweitstellige Hypotheken Verwendung finden können.

Wie auf diese Weise auch eine größere Stetigkeit der Darlehensverhältnisse erzielt werden wird, indem die Hypotheken langfristiger begeben werden können als bisher, und wie dadurch den Hauseigentümern eine größere Ruhe und Sicherheit geboten würde, soll hier nur angedeutet werden. Die Erhaltung des Ertragsobjekts in seinem Werte bis zum Untergang gewährt jedenfalls die Möglichkeit einer Anlage der Kreditkapitalien auf Jahrzehnte zu einem mäßigen Zinsfuß. In welchem Grade eine völlige Loslösung von fremden Geldgebern möglich oder erreichbar ist, kann man schwer voraussehen. Hat einmal die Kapitalansammlung für Reproduktionszwecke den Wert einer Häusergeneration erreicht und überschritten, so kann wohl an eine völlige Freimachung von fremden Geldgebern gedacht werden. Diese Umgestaltung des bisherigen Systems würde dem Ideal einer zweckmäßigen Kreditorganisation sehr nahekommen. Die Ertragsobjekte liefern einen Teil der Erträge an eine Zentralverwaltungsinstanz, die die Kapitalien einsammelt und sie verwandten oder gleichen Objekten zur Verfügung stellt, wo immer der Bedarf zur Bestandserhaltung vorliegt.

Auf diese Weise kann durch den geschaffenen Gesamtorganismus nicht nur die Fortpflanzung des Objekts durch ein anderes, sondern auch die Vermehrung durch neue Objekte ähnlicher Art ermöglicht werden. Es ist nun der Reproduktionsprozeß gewissermaßen kontinuierlich organisiert.

Auch das Versicherungsunternehmen selbst, dem die Objekte anvertraut sind, stellt sich nunmehr als eine vollkommen in sich geschlossene Hausverwaltungsinstanz dar. Vergleichen wir noch einmal kurz das herrschende mangelhafte Kreditsystem mit dem durch dieses Projekt reoganisierten, so muß dem Beobachter vor allem auffallen, wie natürlich und logisch hier der finanzielle Aufbau gewissermaßen aus sich selbst entsteht. Bedeutende Summen würden durch eine solche zweckmäßige Organisation erspart werden können. Dernburg beziffert die Ersparnisse, die sich bei rationeller Erbauung und Bewirtschaftung im Haus- und Grundstückswesen ergeben würden, auf etwa 30—40% des Bauwertes. Wird die finanzielle Organisation des Hauswesens mit strenger Konsequenz durchgeführt, so würden sich zweifellos ähnliche Erfolge ergeben. Wenn einmal die Bilanzen für eine ganze Häusergeneration gezogen werden können, dann wird sich zeigen, welche Summe von Verlusten auf diesem Wege vermeidbar geworden ist. Denken wir an die unter den jetzigen Umständen so häufig eintretenden Kapitalverluste der Hausbesitzer, der Hypothekengläubiger, der Bauunternehmer, ja selbst der Handwerker (durch Ausfall von Bauforderungen), denken wir an die Sorgen bei Beschaffung und Veräußerung von Hypotheken, die oft überspannten Provisionsansprüche, Mietverluste usw., so wird uns klar werden, daß die gleichmäßig verteilten Prämien der Hauslebensversicherung, die außer der Abnutzungsquote nur beschränkte Risikoprämien enthalten, jenen Verlusten gegenüber nur eine geringe Belastung darstellen.

Schluß.

Mag nun die individualistische Produktionsweise auch in Zukunft vorherrschend bleiben oder der Sozialismus zum Siege gelangen, ich bin der Überzeugung, daß der soziale Aufbau der objektiven Werte auf einer inneren Gesetzmäßigkeit beruht, die von dem jeweilig vorherrschenden Organisationsprinzip der Wirtschaftssubjekte im wesentlichen unabhängig ist.

Wie alle Bewegungsgesetze der Weltkörper in einer einheitlichen Wissenschaft, der Statik und Mechanik, zusammengefaßt werden, so müssen auch für die Lebensbewegung der künstlich geschaffenen materiellen Güter bestimmte allgemeingültige Normen der sozialen Werterhaltung zur Geltung gelangen, die für ganze Kategorien von Objekten eine einheitliche wissenschaftliche Begründung zulassen.

Die Aufgabe der Individuen, die gewissermaßen zufällig in diese organischen Prozesse der Güterwelt mit ihrer gestaltenden und erhaltenden Kraft eingreifen, erscheint demgegenüber als begrenzt und untergeordnet unter die immanente Zweckmäßigkeit des Lebensganges der Objekte. Je klarer die eigenartige zeitliche Bedingtheit erfaßt wird, die sich in der übereinstimmenden Richtung des Ablaufs aller Wirkungen von gleichartigen Gütern unter gleichmäßigen Wirtschaftsverhältnissen äußert, um so mehr wird es gelingen, die planlose Vergeudung von Energien zu vermeiden, die sich aus dem bisher vorherrschenden Mangel an Einsicht in die fundamentalen Gesetze jener statischen Ordnung der Dinge ergibt.

Ein Sammeln und Einordnen aller persönlichen Kräfte nach dem Prinzip der größtmöglichen objektiven Wertbildung ist die unmittelbare praktische Konsequenz jener unentrinnbaren Gesetzmäßigkeit der Lebenserscheinungen unserer Erzeugnisse. Sie haben, sobald sie einmal geschaffen sind, eine relative Selbständigkeit der Entwicklung, eine typische Existenzart, die wir zunächst nur anerkennen und festhalten müssen, um ihren von menschlicher Einsicht wenig beeinflußbaren Entfaltungsprozeß nicht zu stören.

Erst in zweiter Linie kann der hier und da eingreifende subjektive Versuch in Betracht kommen, diese Lebensdauer der objektiven Werte durch eine liebevolle Pflege des Objekts sachgemäß zu verlängern.

An dritter Stelle wäre die richtige Ausnutzung des Ertrages jener Güter zu bedenken, die zu ihrer kontinuierlichen Fortpflanzung auf dem Wege der Reproduktion die Handhabe bietet.

Erst durch diese Maßregel tritt die merkwürdige Autarkie der produktiven Werte zutage, deren Wirkungskraft sich so lange selbständig fortpflanzt, als sich dienende Menschenkräfte finden, die ihre Idee begriffen haben und festhalten.

Ich möchte aber den hier naheliegenden Einwand zurückweisen, daß eine solche Stabilisierung der Wirtschaftsordnung eine völlige oder teilweise Erstarrung aller einmal vorhandenen Werte mit sich bringen würde. Ich meine nicht, daß es sich hierbei um eine rein mechanische Formung handelt, die der konkreten individuellen Natur der behandelten Sachwerte Zwang antun könnte. Solange ein Typus der Formgestaltung sich im wesentlichen konstant erhält, mögen die Wirtschaftsmaßnahmen, die seiner Idee entsprechen, annähernd dieselben bleiben, aber je tiefer die Einsicht in das Wesen der Zweckidee wird, die wir hier verfolgen, um so mehr wird sich auch der ursprünglich gewählte Typus ausleben und vervollkommnen.

Über das bereits gesicherte Wertniveau hinaus bleibt die Möglichkeit einer freien Bewegung nach allen Seiten hin offen und damit die für die ganze Zukunft unseres Wirtschaftslebens so unentbehrliche Beweglichkeit und Entwicklungsfreiheit.

Es soll also hier nicht eine plötzliche Umwälzung der Güterwelt unter Mißachtung aller gewonnenen Erfahrung unternommen werden, sondern vielmehr eine wohlüberlegte Reorganisation des Aufbaues der Dauerwerte auf Grund einer vollkommen richtigen Analyse ihres zeitlichen Wirkens und ihrer sachgemäßen Neubildung während der Periode des naturgemäßen Verfalls.

Wir werden uns nicht darüber täuschen, daß die nach unseren Zweckideen ausgestalteten Güter doch letzten Endes alle die mechanischen Eigenschaften behalten, die den ewigen Gesetzen ihres Wirkungszusammenhanges in dem einheitlichen Ganzen der

Natur entsprechen. Diese elementaren Zusammenhänge ihrer Wirkungsweisen, die sich unabhängig von menschlicher Willkür überall gleichmäßig durchsetzen, können und müssen wir mit unbedingter Achtung vor ihrer gleichsam transzendenten Wirklichkeit anerkennen. Und nur indem wir dies tun, verwandelt sich allmählich der Gesichtspunkt, unter dem wir jene Welt der Objekte betrachten. Bisher hatten wir unser Leben auf die größtmögliche Steigerung des Genusses oder Nutzens für die Gegenwart und nächste Zukunft unserer Wirtschaftsführung eingestellt, nun aber gewinnen wir mit Hilfe einer gemeinsamen Verwertung aller Erfahrungen, die in dem räumlich und zeitlich erfaßbaren Umkreise des Güterwirkens zu sammeln sind, ein anschauliches Bild von dem Gesamtkomplex der konkreten Nutzeffekte jeder Güterklasse[1]).

Erkennen wir so von Grund aus den Verlauf des Güterlebens, so sind wir auch imstande, schon bei dem ersten Aufbau des Planes zur Bewirtschaftung eines Sachgutes eine weitausschauende Politik zu treiben, deren Entwicklungsstadien nur die richtigen subjektiven Korrelate zu den objektiven Wandlungen darstellen.

Wenn die Dinge in den Gestalten fortleben, die man ihnen jeweilig zu geben gewohnt war, so liegt hierin der Wiederschein aus der Erinnerung an die Erlebnisse unserer Vorzeit. Dinghaftes und Menschliches sind hier dauernd verknüpft, Naturprozeß mit bewußter Arbeitstätigkeit verflochten und durchsetzt, und so lebt auch unser Geist in den Stoffgestalten fort, die trotz ihrer Vergänglichkeit uns unantastbar erscheinen, insofern hier die ewige Fruchtbarkeit der Naturkräfte sich mit der unseres Geistes harmonisch vereinigt hat.

Wird das Postulat einer vernunftgemäßen Wertstabilisierung als ein allgemeingültiges anerkannt, so eröffnet sich damit ein neuer Weg für den Ausbau einer Wirtschaftsordnung von hoher Vollkommenheit. Es handelt sich dabei um ein Problem, das nur durch ein internationales Zusammenwirken aller Kulturvölker

---

[1]) So werden wir nach einer treffenden Bezeichnung Adolf von Wenksterns (Einführung in die Volkswirtschaftslehre, Leipzig 1903, S. 40—41) mehr und mehr aus Gegenwartsmenschen u Zukunftsmenschen, ohne daß die von diesem Autor irrigerweise befürchtete Verschärfung des Kampfes ums Dasein einzutreten braucht. Denn die ewige Einheit der praktischen Vernunft, an die Spinoza wie Kant und viele andere große Philosophen glaubten, zeigt sich eben in dieser objektiv begründeten Interessenharmonie aller rationellen Wirtschaft, auf die wir hingewiesen haben.

erschöpfend zu lösen sein dürfte. Denn wenn Güter, die in dem einen Lande als wertvoll betrachtet und sorgsam gesichert werden, in anderen Ländern leichtsinnig vergeudet und dem Raubbau oder planloser Ausbeutung überlassen werden, so kann der universelle Zweck jenes grundlegenden Postulats nicht erreicht werden, das wir an den Anfang aller wirtschaftlichen Erwägungen stellen wollen.

Als ein Instrument zur Verwirklichung der sachgemäßen Güterpflege glaubten wir das am Beispiel der Hauslebensversicherung entwickelte Projekt eines neuen Versicherungszweiges begründen zu können. Wenn sich die Aufmerksamkeit der erfahrensten Fachleute auf diesen oder jenen konkreten Umkreis eines Güterwirkens konzentriert, findet man wohl auch die exakten mathematischen Grundlagen für eine entsprechende Wahrscheinlichkeitsberechnung, deren Ergebnisse wenigstens eine approximative Schätzung der notwendigen Interessentenbeiträge zu gegenseitigem Schutz des Versicherungsobjektes ermöglichen. In dieser Idee einer einheitlichen Verwertung aller in Zukunft auf dem Wege der Sachlebensversicherung zu gewinnenden Erfahrungen liegt schließlich ein erzieherisches Moment von ungeheurer praktischer Bedeutung. Es wird dadurch für alle rationell bewirtschafteten Güterkomplexe eine wohlbegründete Ordnung geschaffen, die durch Beispiel, Übung und Lehre überall Verbreitung finden könnte. Der innere Aufbau der volkswirtschaftlich wichtigsten Unternehmungen erhält auf diese Weise eine Struktur von unerschütterlicher Festigkeit.

Zu einer Zeit, in der unser alter Staatsbau einer Umgestaltung unterworfen und jeder neue Baustein auf seine Tauglichkeit geprüft wird, in einer Zeit, in der man daran geht, ein neues Staatsgebäude aus den aufgelösten Bestandteilen zu kombinieren und aufzurichten, am Anfang eines Erwachens der ganzen wirtschaftlichen Welt, die nachdenklich das Bestehende prüft, veraltete, unzweckmäßige Systeme verwirft und mutig an neue Projekte und Versuche herantritt, richten wir unwillkürlich lieber den Blick in eine ferner liegende Zukunft, als in Perioden gedankenlosen, gewohnheitsmäßigen Wirtschaftens.

Wir haben in unserem Zeitalter eine gewaltige Wirtschaftsentwicklung und eine rapide Wertvernichtung und Auflösung kennen gelernt; wir fühlen uns erfahrener und gereifter zu einer richtigen Wertbetrachtung, Werterzeugung, Werterhaltung und Werterneuerung, kurz zu einer richtigen Erkenntnis des objektiv Wertvollen, das der Sicherung und Wahrung von Menschenhand bedarf.

Aber bis wir durch Erfahrungen gefestigt instinktiv oder gewohnheitsmäßig nach den Grundsätzen zweckmäßiger Organisation wirtschaftlich rationell zu handeln gelernt haben, müssen wir uns einer Lehrmeisterin anvertrauen, die wir mit dem Namen „Versicherung" bezeichnen. Sie soll uns auf Grund klar erkannter konkreter Wertideen mit Hilfe eines kunstvoll aufgebauten Mechanismus Vorteile sichern, die aus der sozialen Vereinigung entspringen und uns so zeigen, wie wir einst selbständiger und richtiger als bisher in der Werterhaltung verfahren sollen. Wir folgen hierin dem großen Lehrsatz Spinozas, den wir unserer Arbeit als Motto beigegeben haben, und den er im Scholion mit dem Hinweis auf die gemeinsame Abwendung von Gefahren begründet[1]).

„In der Tat verhält sich die Sache so, daß aus der sozialen Vereinigung der Menschen viel mehr Vorteile entstehen, als Nachteile. Mögen daher die Satiriker die menschlichen Dinge verspotten, soviel sie wollen, die Theologen sie verdammen ... sie werden dennoch die Erfahrung machen, daß die Menschen sich ihren Bedarf durch wechselseitige Hilfeleistung viel leichter verschaffen und nur mit vereinten Kräften die Gefahren vermeiden können, von denen sie überall bedroht sind."

Ist uns aber dereinst jene soziale Wertstabilisierung gelungen, so werden die immer wiederkehrenden Wogen der Konjunktur an den gefestigten Objekten einen elastischen Widerstand finden. Die Brandung der periodischen Wirtschaftskrisen wird gegen Dämme und Felsen schlagen und wieder zurückbranden, bis vielleicht einmal der Strom der Zeit eine Welt von neuen Werten schafft, für deren Aufbau uns heute noch jeder Maßstab fehlt; denn all unser Tun ist Stückwerk und das Leben eine Sekunde der Ewigkeit.

---

[1]) Spinoza Ethica, Pars IV, Prop. XXXVII Schol. Opera ed. C. H. Bruder, Lipsiae MDCCXLIII vol. I, S. 354: „Et revera res ita se habet, ut ex hominum communi societate multo plura commoda oriantur, quam damna. Rideant igitur, quantum velint, res humanas satyrici, easque detestentur theologi ... experientur tamen homines mutuo auxilio ea, quibus indigent, multo facilius sibi parare, et non nisi iunctis viribus pericula, quae ubique imminent, vitare posse."

Anhang A.

Beispiel zur Hauslebensversicherung.

Gegenstand der Versicherung.

Die Versicherung kann genommen werden:

1. gegen dauernde Entwertung allein (H. L. V.), Tarif I—IV;

2. gegen dauernde Entwertung mit gleichzeitiger Versicherung gegen vorübergehende Ertragsminderung (H. L. V. und E. V.), Tarif Ia—IVa;

3. gegen dauernde Entwertung mit gleichzeitiger Versicherung gegen vorübergehende Ertragsminderung und Hypothekenversicherung (H. L. V., E. V. und H. V.), Tarif Ia, b bis IVa, b.

Versicherung gegen vorübergehende Ertragsminderung und Hypothekenversicherung ohne gleichzeitige Versicherung gegen dauernde Entwertung ist nicht zulässig. Auch die Kombination von Hypothekenversicherung nur mit Hauslebensversicherung ohne gleichzeitige Versicherung vorübergehender Ertragsminderung ist, wenigstens vorläufig, nicht möglich, da als Grundlage für die Hypothekenversicherung in der geplanten Form die Hauslebensversicherung und Versicherung vorübergehender Ertragsminderung unbedingt erforderlich ist. Später wird zu erwägen sein, ob unter noch festzusetzenden Bedingungen auch Hypothekenversicherung nur in Verbindung mit Hauslebensversicherung ohne Versicherung vorübergehender Ertragsminderung gewährt werden kann.

Dauer des Vertrags.

Bei Abschluß der Versicherung wird eine bestimmte Zeit als Dauer des Vertrages festgesetzt. Die Versicherungsdauer muß im einzelnen Falle entsprechend dem Ergebnis der Taxierung der voraussichtlichen Ertragsfähigkeit der Gebäude unter Berücksichtigung besonderer Wünsche des Versicherungsnehmers ermittelt werden; sie kann z. B. 80, 70, 60, 50, 40, 35, 30, 25 oder 20 Jahre betragen.

Versicherungswert.

Als Versicherungsobjekt sei ein Grundstück angenommen, das einschließlich der darauf befindlichen Gebäude einen Gesamtwert von 160 000 M. darstellt und einen Normalertrag von 12 000 M. liefert. Für die Hauslebensversicherung kommt hiervon nur der vergängliche Wert (Gesamtwert minus Bodenwert und Abbruchswert der Gebäude) in Frage. Dieser vergängliche Wert sei mit 100 000 M. angenommen. Andererseits soll die Versicherungssumme der Hauslebensversicherung in der Regel mindestens 10% des vergänglichen Wertes (im vorliegenden Falle 10 000 M.) betragen.

Leistungen der Hauslebensversicherung.

Die Leistung der Hauslebensversicherung soll in einer Rente als Ersatz für dauernden Minderertrag und am Ende der Versicherungsdauer in einem Kapital zum Neubau bestehen. Die Auszahlung des Kapitals erfolgt in jedem Falle am Ende der Versicherungsdauer, und zwar auch dann, wenn ein dauernder Minderertrag des Grundstücks nicht eingetreten ist.

Wird der Mietertrag des Grundstücks von 160 000 M. bei Vertragsschluß mit $7^1/_2$% des Gesamtwertes = 12000 M. angenommen und soll der vergängliche Wert in voller Höhe gedeckt sein, so würde sich bei gleichmäßiger Anrechnung auf die 100 000 M. vergänglichen Wertes 8500 M. Ertrag ergeben und demgemäß wären die Renten der Hauslebensversicherung in der Weise zu gewähren, daß sie zusammen mit dem noch vorhandenen Ertrage die Summe von rund 8500 M. ergeben. Sinkt z. B. der Ertrag dauernd unter 8500 M., so wäre er von der Gesellschaft durch Zahlung einer entsprechenden Rente auf der Höhe von 8500 M. zu halten; die höchstmögliche Rente ist gleich dem Durchschnittszinsertrage des versicherten Kapitals nach Ausweis des letzten veröffentlichten Rechenschaftsberichtes der Gesellschaft. Bei einem Durchschnittszinsertrage von 4% würde die Vollrente im behandelten Beispiel 4000 M. betragen. Dabei ist angenommen, daß das Grundstück immer den Ertrag des unvergänglichen Wertes ($7^1/_2$% von 60 000 = 4500 M.) abwirft, so daß auch durch eine Rente von höchstens 4000 M. ein Ertrag von 8500 M. garantiert würde.

Sinkt der wirkliche Ertrag dauernd unter 4500 M., so daß er zuzüglich der Rente von höchstens 4000 M. nicht mehr den Ertrag des vergänglichen Wertes = 8500 M. ergibt, so wird die Versicherungs**summe sofort** fällig.

Ist der vergängliche Wert nicht in voller Höhe versichert, sondern nur ein Teil desselben, so würde unabhängig davon wie vorher bei Vollversicherung die Vollrente zu gewähren sein, wenn der dauernde Mietertrag unter 4500 M. sinkt, und die Gewährung der Teilrenten einzusetzen haben, wenn der dauernde Ertrag weniger als 8500 M. beträgt. Nur würde dann eine Kürzung der Versicherungsleistungen entsprechend dem Verhältnis der Versicherungssumme zum versicherbaren Wert eintreten. Sind z. B. nur 90 000 M. versichert bei 100 000 M. versicherbarem Wert, so würde die Vollrente nur 3600 M., die Teilrente $^1/_{10}$, $^2/_{10}$ von 3600 = 360 M. bezw. 720 M. betragen u. s. f. Bei 70 000 M. wäre die Vollrente 2800 M., bei 50 000 = 2000 M. usw.

Die Versicherung gegen vorübergehende Ertragsminderung bezweckt den Ausgleich vorübergehenden Mietausfalls, und zwar tritt sie sofort mit dem Abschluß der Versicherung in Kraft, sie stellt also eine wesentliche und wertvolle Ergänzung der Hauslebensversicherung dar. Auch hier wird im Vertrage ein bestimmter Ertrag (z. B. 75% des Normalertrages) garantiert. Im behandelten Beispiel würde bei 75% dem Versicherungsnehmer Ersatz des Mietausfalls mindestens bis zur Erreichung eines Ertrages von 9000 M. geleistet werden; die Entschädigung wird jedoch voraussichtlich in den meisten Fällen über dieses Minimum hinausgehen. Die Mietverlustversicherungsrente wird auf die Dauer eines Jahres gewährt, im zweiten Jahre tritt eine Kürzung der Leistungen auf 75% und nach weiteren sechs Monaten auf 50% der ursprünglichen Entschädigung ein.

Durch die Hypothekenversicherung endlich wird:

1. für den Hypothekengläubiger der Eingang der Hypothekenzinsen garantiert,

2. im Falle der Zwangsversteigerung Ausbietungsgarantie gewährt,

3. bei Auszahlung einer Hypothek die Neubeschaffung sichergestellt.

Nimmt man eine Belastung des Grundstücks in Höhe von 75% = 120 000 M., und zwar 1. Stelle 90 000 M. zu 5%, 2. Stelle

30 000 M. zu 6% an, so würden die sicherzustellenden Zinsen 6300 M. pro Jahr betragen.

Prämie.

Für eine fünfzigjährige Versicherung[1]) würde die jährliche Prämie betragen:

1. Für H. L. V. allein: 100 000 M. versichertes Kapital. Tarif I: Gleichbleibende Jahresprämie zahlbar während der ganzen Versicherungsdauer (50 Jahre) 1270,95 M. Tarif II: Gleichbleibende Jahresprämie zahlbar nur 20 Jahre 1874,27 M. Tarif III: 5 Jahre gleichbleibende, dann gleichmäßig fallende Jahresprämie, zahlbar während der ganzen Versicherungsdauer (50 Jahre) 1667,96 M. in den ersten 5 Jahren, dann jährlich abnehmend um 36,26 M. Tarif IV: 5 Jahre gleichbleibende, dann gleichmäßig fallende Jahresprämie, zahlbar nur während 20 Jahren 2699,20 M. in den ersten 5 Jahren, dann jährlich abnehmend um 168,70 M.

2. Für H. L. V. mit E. V. 100 000 M. Kapital H. L. V. und E. V. garantiert 9000 M.

Tarif Ia: Gleichbleibende Jahresprämie, zahlbar während der ganzen Versicherungsdauer 1453,55 M.

Tarif IIa: H. L. V. Prämie zahlbar nur 20 Jahre lang (gleichbleibend), Gesamtprämie:

1.—20. Jahr	2056,87 M.
21.—50. „	182,60 „

Eine Versicherung mit vollständiger Prämienfreiheit nach 20 Jahren, wie bei Tarif II und IV, ist hier und auch bei Tarif IIa, b und IVa, b (mit H. V.) nicht möglich. Die Risikoprämie für die E. V. ist stets zu entrichten. Dasselbe gilt für die H. V.

Tarif IIIa: 5 Jahre gleichbleibende, dann gleichmäßig fallende Prämie durch 50 Jahre 1850,56 M. in den ersten 5 Jahren, dann jährlich fallend um 36,26 M.

Tarif IVa: H. L. V. Prämie 5 Jahre gleichbleibend, dann fallend durch 20 Jahre, 2881,80 M. in den ersten 5 Jahren, dann

[1]) Für das Beispiel ist die kurze Dauer von 50 Jahren gewählt, weil es sich in der Praxis zunächst um Versicherung schon längere Zeit stehender Häuser handeln wird. Für Neubauten kann eine bedeutend längere Dauer angenommen werden. Hierdurch wird die Prämie wesentlich niedriger. So würde z. B. bei einer Dauer von 70 Jahren die gleichbleibende Prämie für alle drei Versicherungen nur 777,49 M. betragen, bei 80jähriger Dauer nur 609,51 M.

fallend bis auf 182,66 M., welche gleichbleibend vom 21. Jahre bis zum Ende der Versicherung zu zahlen sind.

3. H. L. V. mit E. V. und H. V.

H. L. V. mit 100 000 M. versichertes Kapital,
E. V. garantierter Ertrag 9000 M. (75%),
H. V. Eingang der Zinsen von 6300 M. garantiert.

Tarif Ia, b: Gleichbleibende Jahresprämie, zahlbar während der ganzen Versicherungsdauer 1513,55 M.

Tarif IIa, b: H. L. V. Prämie, zahlbar nur 20 Jahre lang (gleichbleibend), Gesamtprämie:

1.—20. Jahr	2116,87 M.
21.—50. „	242,60 „

(Siehe Bemerkung zu 2.)

Tarif IIIa, b: 5 Jahre gleichbleibende, dann gleichmäßig fallende Prämie durch 50 Jahre 1910,56 M. in den ersten 5 Jahren, dann jährlich fallend um 36,26 M.

Tarif IVa, b: H. L. V. Prämie 5 Jahre gleichbleibend, dann gleichmäßig fallend durch 20 Jahre 2941,88 M. in den ersten 5 Jahren, dann fallend bis auf 242,60 M., welche bis zum Ende der Versicherung jährlich zu zahlen sind.

Bei der H. L. V. erlischt die Prämienzahlungspflicht beim Einsetzen der Vollrente, bzw. Auszahlung des versicherten Kapitals. Die Gewährung einer Teilrente bedingt keine Änderung der Prämie.

Gewährleistungsbeitrag.

Für die Hauslebensversicherung wird neben der Prämie noch ein sogenannter Gewährleistungsbeitrag in Höhe von 1% der Versicherungssumme erhoben. Er dient zur Deckung von Ausfällen, wenn die rechnungsmäßige Verzinsung der Kapitalanlagen der Gesellschaft nicht erzielt wird und außerdem zur Bestreitung von Versicherungsleistungen, die über die rechnungsmäßige Erwartung hinausgehen. Der nicht verbrauchte Teil des Gewährleistungsbeitrages wird nach Feststellung des Rechnungsabschlusses des Jahres, für das er erhoben worden ist, durch Anrechnung auf die nächstfällige Prämie zurückerstattet.

Dividende.

Von zehn zu zehn Jahren gelangt der durch überplanmäßige Verzinsung des Deckungskapitals erzielte Überschuß als Dividende an die Versicherungsnehmer zur Verteilung. Bei $^1/_2\%$ Mehrzins würde bei Tarif I die Dividende z. B. nach zehn Jahren 327,52 M. betragen. Außerdem erhalten die Versicherungsnehmer satzungsgemäß einen Teil des Reingewinns als Schlußdividende, wenn sie die Versicherung ohne Kündigung bis zum vertraglichen Ende aufrecht erhalten.

Deckungskapital.

Das Deckungskapital ist eine Rücklage, die die Gesellschaft aus den empfangenen Prämien machen muß, damit die zukünftigen Prämieneinnahmen ausreichen, um jederzeit die versprochenen Leistungen der H. L. V. bewirken zu können. Das Deckungskapital würde z. B. bei Tarif I nach zehn Jahren 12 827,75 M. betragen.

Kündigung.

Nach zehn Jahren können beide Vertragsparteien die Versicherung ohne Einhaltung einer Kündigungsfrist kündigen. In diesem Falle gelangt das volle Deckungskapital zuzüglich der oben erwähnten Dividende zur Auszahlung. Die Gesellschaft muß an diesem ersten Hauptkündigungstermin der Versicherung erklären, ob sie nunmehr das Risiko endgültig bis zum vorgesehenen Ende der Versicherung übernehmen oder sich für einen späteren Zeitpunkt das gleiche Kündigungsrecht vorbehalten will. Letzteres ist nur zulässig, wenn dieser Zeitpunkt in die erste Hälfte der Gesamtversicherungsdauer fällt.

Außerhalb der zehnjährigen Perioden der Versicherung ist Kündigung nur mit dreijähriger Frist möglich. Der Rückkaufswert kann, wenn ein genügendes Deckungskapital vorhanden ist, sofort bei der Kündigung ausgezahlt werden, unter Abzug der für die drei Jahre noch ausstehenden Prämien und Berechnung eines angemessenen Diskonts. Der sofort auszahlbare Rückkaufswert würde z. B. bei einer nach Tarif I (nur H. L. V.) geschlossenen Versicherung bei Kündigung am Ende des 13. Versicherungsjahres 17 405,17 M. betragen. Bei Tarif Ia (H. L. V. mit E. V.) würde derselbe Wert 16 883,04 M. betragen, wobei die E. V. noch drei Jahre prämienfrei in halber, bei wichtigen Kündigungsgründen auch in voller Höhe weiterbesteht.

Umwandlung.

Die H. L. V. kann, wenn ein genügender Rückkaufswert zur Begründung einer Versicherung von mindestens 10% des Hauswertes vorhanden ist, in eine prämienfreie Versicherung umgewandelt werden. Bei Tarif I wäre z. B. nach 13 Jahren Umwandlung in Höhe von 44 000 M. unter sofortiger Anzahlung des Restes des Rückkaufswertes (94,50 M.) möglich. Wird die H. L. V. prämienfrei, so ist bei den Tarifen Ia bis IVa und Ia, b bis IVa, b nur noch die E.-V.- und H.-V.-Prämie zu entrichten.

Vorzeitige Beendigung der Versicherung.

In einer Reihe von Fällen, die in den Bedingungen geregelt sind, ist sofortige Beendigung der Versicherung zulässig, unter Umständen auch nur in bezug auf die E. V. und H. V.

Erneuerungsdarlehen.

Zur Vornahme der zur Abwendung vorzeitiger Entwertung notwendigen Erneuerungsarbeiten, deren Ausführung die Gesellschaft verlangen kann, können dem Versicherungsnehmer Darlehen auf den Versicherungsschein bis zur Erschöpfung des Rückkaufswertes gewährt werden. Zur Fortsetzung der Versicherung bieten sich dann verschiedene Möglichkeiten.

Ist eine Rückzahlung des Darlehens beabsichtigt, so kann die Versicherung unverändert fortgesetzt werden, wenn der Versicherungsnehmer der Gesellschaft 5% Zins für das Darlehen zahlt. Ist bei Eintritt des Versicherungsfalles die Rückzahlung noch nicht erfolgt, so bleibt der Gesellschaft eine Kürzung der Versicherungsleistungen um das Darlehen vorbehalten. Soll eine Rückzahlung nicht erfolgen, so muß entweder die Versicherungsdauer verlängert oder die Versicherungssumme gekürzt oder endlich die Prämie erhöht werden. Hierbei ist je nach der Lage des Falles den Wünschen des Versicherungsnehmers durch geeignete Kombination der verschiedenen Möglichkeiten Rechnung zu tragen. So kommt z. B. unter Umständen, wenn eine bedeutende Verlängerung unerwünscht erscheint, eine kürzere Hinausschiebung unter entsprechender Kürzung der Leistungen, oder wenn die Prämie zur Beibehaltung der Versicherung in voller Höhe zu hoch wird, eine teilweise Erhöhung derselben und entsprechende Herabsetzung der Leistungen in Frage.

Angenommen, es werde bei Tarif I nach zehnjähriger Versicherungsdauer ein Darlehen von 10 000 M. gewährt. Sollen nun die Versicherungsleistungen in der ursprünglich vereinbarten Höhe erhalten bleiben, so ist eine Verlängerung der Versicherungsdauer um sieben Jahre erforderlich. Hierbei kann die Prämie von 1270,95 M. auf 1247,94 M. ermäßigt werden, ist aber auch in den letzten sieben Jahren weiter zu zahlen. Wird eine Verlängerung nicht gewünscht, so muß die Versicherungssumme auf 70 000 M. herabgesetzt werden, wobei eine Prämie von 1268,78 M. für die Folgezeit zu entrichten ist. Bei Beibehaltung der vollen Versicherungssumme wäre eine Erhöhung der Prämie auf 1885,61 M. erforderlich.

Anhang B.

Entwurf der Versicherungsbedingungen zu einer Hauslebensversicherung.[1]

§ 1.

Gegenstand der Versicherung.

Die Gesellschaft versichert:

1. gegen die durch dauernde Entwertung von Häusern entstehenden Schäden,
2. gegen vorübergehende Verluste infolge Leerstehens von Mieträumen,
3. gegen Verluste infolge Nichtzahlung oder Ausfalls (bei der Zwangsversteigerung) von Hypotheken und Hypothekenzinsforderungen.

§ 2.

Versicherung der dauernden Entwertung des Hauses — Entschädigungszahlung.

1. Der Versicherungsfall der dauernden Entwertung des Hauses tritt ein, sobald der dauernde Hausertrag unter eine vereinbarte Grenze sinkt, spätestens aber an einem im Vertrage festgesetzten Zeitpunkt.

2. Tritt der Versicherungsfall vor dem vereinbarten Ende der Versicherung ein, so besteht die Entschädigung in einer den dauernden Ertragsausfall ausgleichenden Rente. Diese Rente ist zu leisten bis zur Zahlung des versicherten Kapitals, die spätestens am Ende der Versicherungsdauer zu erfolgen hat. Ergibt die Rente zusammen mit dem noch vorhandenen Ertrag des Grundstücks nicht mehr den im Versicherungsvertrag für diesen Fall vorgesehenen Mindestertrag des Grundstücks, so ist die Gesellschaft zur sofortigen Zahlung der Versicherungssumme verpflichtet.

§ 3.

Anerkennung der Vertragsbedingungen.

Der Inhalt des Versicherungsscheins gilt als von dem Versicherungsnehmer genehmigt, wenn dieser nicht innerhalb eines Monats nach erfolgter Aushändigung Widerspruch gegen die Richtigkeit des Scheins erhebt. Das Recht des Versicherungsnehmers, die Genehmigung wegen Irrtums anzufechten, bleibt unberührt.

§ 4.

Pflicht des Versicherungsnehmers zu wahrheitsgemäßen Angaben bei Vertragsschluß.

1. Der Versicherungsnehmer hat vor Abschluß des Vertrages die Fragen des ihm vorzulegenden Antragsformulares der Gesellschaft gewissenhaft und wahrheitsgemäß zu beantworten.

---

[1]) Nach einem Entwurf von Hans Brinkmann †, Berlin.

2. Er hat auch alle ihm bekannten sonstigen Umstände, die für die Übernahme der Gefahr erheblich sind, schriftlich anzuzeigen bei Vermeidung der gesetzlichen Folgen der §§ 16—21 VVG.

3. Bezieht sich ein solcher Umstand nur auf die Gefahr des vorübergehenden Ertragsausfalles, so kann die Gesellschaft ihr Rücktrittsrecht vom Vertrage auch nur, soweit sich dieser auf die Versicherung des vorübergehenden Ertragsausfalles bezieht, ausüben.

4. Der Versicherungsnehmer ist an seinen Antrag vier Wochen gebunden.

5. Die Gesellschaft hat das Recht, das Grundstück, hinsichtlich dessen der Antrag gestellt ist, durch von ihr beauftragte Sachverständige besichtigen zu lassen.

§ 5.

Versicherungsdauer.

1. Bei Versicherungsabschluß wird die Versicherungsdauer mit Rücksicht auf die voraussichtliche Hausdauer im Vertrage festgelegt, der Vertrag wird jedoch zunächst nur auf 10 Jahre abgeschlossen. Nach Ablauf einer 10jährigen Periode kann eine Neutaxierung stattfinden.

2. Wird der Versicherungsvertrag am Ende der 10jährigen Periode nicht erneuert, so hat die Gesellschaft das auf die Versicherung angesammelte Deckungskapital und die in § 13 Abs. 1 erwähnten Zinsüberschüsse auszuzahlen, wenn nicht spätestens einen Monat vorher die Umwandlung in eine prämienfreie Versicherung der dauernden Entwertung des Hauses beantragt wird. Im letzteren Falle hat die Gesellschaft das auf die Versicherung angesammelte Deckungskapital zuzüglich der in § 13 erwähnten Zinsüberschüsse als einmalige Prämie für die prämienfreie Versicherung anzurechnen. § 9 der Versicherungsbedingungen findet Anwendung.

3. Unter dem Deckungskapital ist die aus den Prämien planmäßig zurückgelegte Summe zu verstehen, die die Gesellschaft zur Erfüllung ihrer Zahlungspflicht im Falle der dauernden künftigen Entwertung des Hauses braucht.

4. Die Gesellschaft kann hinsichtlich der Ertragsverlust- und Hypothekenversicherung jederzeit am Ende eines Versicherungsjahres Änderungen für die Prämien- und Entschädigungszahlung verlangen und insoweit die Erneuerung des Vertrages ablehnen.

5. Die in § 24 vorgesehenen Rechte der Hypothekengläubiger bleiben unberührt.

§ 6.

Prämien und Nebenkosten.

1. Die Prämie ist jährlich im voraus zu zahlen. Auf Antrag des Versicherungsnehmers darf aber vom Beginn eines neuen Versicherungsjahres ab die Prämie in halb- oder vierteljährlichen Raten entrichtet werden, wofür ein Zuschlag von 2 bzw. 3% der Prämie erhoben wird.

2. Der Versicherungsnehmer trägt die Stempelkosten und alle öffentlichen Abgaben, die den Versicherungsschein betreffen.

3. Für den Fall der Überversicherung gelten die gesetzlichen Bestimmungen der §§ 51 und 57 VVG., für den Fall der Unterversicherung § 56 VVG.

4. Im Falle der Nichtzahlung oder der verspäteten Zahlung der Prämie gelten die Bestimmungen der §§ 38, 39, 40 VVG.

5. Hat die Versicherung einen Rückkaufswert (vgl. § 8), so wird dieser als einmalige Prämie zur Gewährung einer vollbezahlten Versicherung der dauernden Entwertung des Hauses, beginnend am Tage der unbezahlten Prämie, verwendet. Reicht der Rückkaufswert nicht aus, um eine prämienfreie Versicherung von

mindestens 10 % des Hauswertes, abgestellt auf den Beginn der Versicherung, zu begründen, so wird er bar gewährt.

6. Unberührt bleiben die in § 24 erwähnten Rechte der Hypothekengläubiger.

7. Der Versicherungsnehmer hat binnen Jahresfrist das Recht, durch Nachzahlung der unberichtigt gebliebenen Prämie nebst 5 % Zinsen die ursprüngliche Versicherung wiederherzustellen.

8. Die Fortsetzung der Versicherung gegen vorübergehenden Ertragsausfall sowie der Hypothekenversicherung neben der prämienfreien Versicherung gegen dauernde Entwertung bedarf einer neuen Vereinbarung.

§ 7.
Prämienrabatt.

Ist eine versicherte Mieteinheit (Wohnungen, Geschäftsräume usw., die einzeln vermietet werden) mehr als ein Jahr voll vermietet gewesen, so kann die Versicherungsprämie um einen aus dem Rechenschaftsbericht zu entnehmenden, jährlich neu festzusetzenden Rabatt vermindert werden; der Rabatt wird in vollen Promillesätzen vom Mietwert der Mieteinheit auf so viele Jahre gewährt, als diese voll vermietet waren; als Höchstrabatt wird der Promillesatz von 5 Jahren vergütet.

§ 8.
Kündigung.

1. Die Kündigung ist, außer auf das Ende einer 10jährigen Periode, nur unter Einhaltung einer mindestens 3jährigen Frist auf das Ende eines Versicherungsjahres zulässig. Die für die Zwischenzeit zu entrichtenden Prämien können, sofern und soweit das Deckungskapital zu ihrer Bestreitung ausreicht, diesem entnommen werden. In diesem Falle besteht die Ertragsverlustversicherung bis zum Ablauf der erwähnten Kündigungsfrist in halber Höhe prämienfrei weiter. Liegt für den Versicherungsnehmer ein wichtiger Grund zur Kündigung vor, so kann die Gesellschaft die prämienfreie Ertragsverlustversicherung bis zur vollen Höhe gewähren. Der nicht verbrauchte Teil des Deckungskapitals (§ 5) wird dem Versicherungsnehmer am Ende der Vertragsdauer, auf Wunsch jedoch schon früher unter Abzug eines Zwischenzinses von 5% ausgezahlt (Rückkaufswert).

2. Erfolgt die Kündigung weniger als 3 Jahre vor dem Ende einer 10jährigen Periode, so gilt sie schon für diesen Zeitpunkt.

3. Macht die Gesellschaft von dem ihr nach den §§ 6, 10, 14, 17, 20 der Versicherungsbedingungen zustehenden Kündigungsrecht Gebrauch oder erneuert sie nach Ablauf einer 10jährigen Versicherungsperiode die Versicherung nicht, so gelangt das angesammelte Deckungskapital zur Auszahlung.

4. Unberührt bleiben die den Hypothekengläubigern nach § 24 zustehenden Rechte.

§ 9.
Umwandlung.

1. Der Versicherungsnehmer kann jederzeit für das Ende des laufenden Versicherungsjahres die Umwandlung seines Vertrages in eine prämienfreie Versicherung der dauernden Entwertung des Hauses verlangen, sofern der Rückkaufswert seiner Versicherung (§ 8), als einmalige Prämie gerechnet, zur Gewährung eines prämienfreien Versicherungsscheins auf mindestens 10 % des Hauswertes, abgestellt auf den Beginn der Versicherung, ausreicht.

2. Die Fortsetzung der Versicherung gegen vorübergehenden Ertragsausfall neben der prämienfreien Versicherung gegen dauernde Entwertung bedarf einer neuen Vereinbarung.

§ 10.

Besitzwechsel.

1. Wird das versicherte Grundstück veräußert oder im Wege der Zwangsversteigerung erworben, so gelten die §§ 69—73 VVG.

2. Die Kündigung, zu der der Erwerber nach § 70 Abs. 2 VVG. berechtigt ist, sowie die Anzeige der Veräußerung muß schriftlich durch eingeschriebenen Brief erfolgen. Die Gesellschaft kann sich auf den Mangel der Form des eingeschriebenen Briefes nicht berufen, wenn ihr eine schriftliche Kündigung in anderer Form rechtzeitig zugegangen ist.

3. Unter Versicherungsperiode im Sinne von § 70 Abs. 3 VVG. wird gemäß § 9 VVG. ein Jahr verstanden.

§ 11.

Entschädigungszahlung.

1. Die Leistungspflicht der Gesellschaft beginnt mit der Zahlung der ersten Prämie, sie hört auf mit dem Ende des Versicherungsvertrages.

2. Die Leistung der Gesellschaft für die dauernde Entwertung des Hauses ist in § 1 behandelt.

3. Für die Leistung der Gesellschaft bei vorübergehendem Leerstehen versicherter Mieträume werden sowohl die Sonderschadenverhältnisse der einzelnen Versicherungsnehmer als auch die allgemeinen Schadenverhältnisse im Betriebe der Gesellschaft berücksichtigt, und zwar nach folgenden Grundsätzen:

4. Sofern und soweit der volle Schaden (Vollschaden), den der Versicherungsnehmer während eines Versicherungsjahres durch Leerstellung von versicherten Räumen erleidet, gemessen am letzten 3jährigen Durchschnittsertragswert dieser Räume, größer ist als der Gesamtbetrag aller versicherten Mieten, die er vertragsgemäß in eigener Gefahr (Selbstversicherung) zu halten hatte, entsteht ein ersatzpflichtiger Sonderschaden und mit dem Verhältnis dieses Sonderschadens zur vollen Summe der durch den Vertrag versicherten Mieten (einschl. Selbstversicherung) ein Sonderschadensatz.

5. Als mutmaßliche Entschädigung gilt bis zur Ermittlung des Jahresergebnisses der um $^1/_4$ des Sonderschadensatzes verminderte Sonderschaden.

6. Zur endgültigen Feststellung der Entschädigung wird alljährlich für das Gesamtgeschäft der Gesellschaft berechnet, in welchem Verhältnis die Summe aller selbstversicherten Mieten einerseits und die Summe aller gemeldeten Vollschäden andererseits zur Summe der überhaupt versicherten Mieten (einschließlich der selbstversicherten) stehen: so ergibt sich der durchschnittliche Selbstversicherungs- und der durchschnittliche Schadensatz. Jede einzelne bis dahin nur mutmaßliche Entschädigung erhöht sich alsdann nach Maßgabe des durchschnittlichen Selbstversicherungssatzes und vermindert sich nach Maßgabe des fünffachen durchschnittlichen Schadensatzes.

7. Die Gesellschaft setzt in jedem Vertrage fest, welcher bestimmte Prozentsatz der auf ein Grundstück entfallenden Mieten durch deren Versicherung garantiert sein soll (Mindestschadenvergütung).

8. Die Entschädigung ist spätestens am 1. April nach Schluß eines jeden Rechnungsjahres, das mit dem Kalenderjahr zusammenfällt, fällig. Auf Antrag des Versicherungsnehmers kann die Gesellschaft Vorauszahlung bis zu 75 % der mutmaßlichen Entschädigungssumme abzüglich 5 % Zwischenzins leisten.

9. Entschädigung wird gewährt für alle in den Versicherungsvertrag aufgenommenen Mieträume, nachdem der Mietvertrag erloschen und die Räume leergestellt sind. Räume, die bei Abschluß des Versicherungsvertrages leerstehen,

werden in diesen nicht aufgenommen. Weist der Versicherungsnehmer später ihre Vermietung nach, so bedarf es einer neuen Vereinbarung über Entschädigung, Selbstversicherung und Prämie hinsichtlich dieser Räume.

10. Die Entschädigung wird in der angegebenen Höhe auf die Dauer eines Jahres gewährt (sog. ordentliche Entschädigung). Stehen die versicherten Räume länger als ein Jahr leer, so werden für das nächste Halbjahr nur noch 75 %, für das darauffolgende Halbjahr nur noch 50 % der ordentlichen Entschädigung gezahlt. Nach Ablauf von 2 Jahren hört die Entschädigungspflicht der Gesellschaft für vorübergehenden Ertragsverlust ganz auf und beginnt erst wieder, nachdem die betreffenden Mieträume ein Jahr ununterbrochen vermietet waren. Die Entschädigungspflicht hört auch auf, wenn der neue Mietvertrag zwar begonnen, der neue Mieter die Räume aber nicht bezogen hat.

§ 12.

Kündigungsrecht nach Schadenfällen des vorübergehenden Ertragsausfalles.

Tritt ein Schadenfall des vorübergehenden Ertragsausfalles ein, so hat sowohl die Gesellschaft wie der Versicherungsnehmer das Recht, den Vertrag, soweit er sich auf die Versicherung des vorübergehenden Ertragsausfalles bezieht, innerhalb einer Frist von einem Monat nach Feststellung der Entschädigung fristlos zu kündigen. Im übrigen finden die Bestimmungen des § 96 VVG. entsprechende Anwendung.

§ 13.

Dividende.

1. Die Gesellschaft verzinst das Deckungskapital planmäßig mit 4%. Vereinnahmt sie höhere Zinsen, so gewährt sie denjenigen Versicherungsnehmern, die für eine 10jährige Periode bzw. bis zum vertragsmäßigen Ablauf der Versicherung diese aufrechterhalten, den von ihr erzielten Mehrzins als Dividende. Über den in jedem Jahre erzielten Mehrzins gibt sie in ihren Jahresberichten den Versicherungsnehmern Rechenschaft. Die Mehrzinsberechnung erfolgt nach dem vom Reichsaufsichtsamt genehmigten Geschäftsplan.

2. Aus ihren sonstigen Überschüssen gewährt die Gesellschaft noch Schlußdividenden an solche Versicherungsnehmer, die ihren Vertrag bis zum planmäßigen Ende durchführen. Auch dieser Dividendensatz wird in den Jahresberichten veröffentlicht.

§ 14.

Reparaturpflicht und Reparaturdarlehen.

1. Der Versicherungsnehmer ist verpflichtet, das versicherte Gebäude sowie die einzelnen versicherten Räume in ordnungsmäßigem, ihrer wirtschaftlichen Zweckbestimmung entsprechendem Zustande zu erhalten. Die Gesellschaft ist berechtigt, sich jederzeit durch beauftragte Sachverständige über den Zustand des versicherten Gebäudes und der einzelnen versicherten Räume unterrichten zu lassen.

2. Hält die Gesellschaft eine Erneuerung bzw. Reparatur des Hauses oder seiner einzelnen Teile für erforderlich, um drohenden Mietausfall oder vorzeitige Entwertung abzuwenden, so kann die Gesellschaft die Vornahme dieser Erneuerung vom Versicherungsnehmer verlangen und nach fruchtlosem Ablauf einer angemessenen Frist die Erneuerung auf Kosten des Versicherungsnehmers selbst vornehmen.

3. Die Gesellschaft kann jedoch statt dessen innerhalb eines Monats, seit sie von der Weigerung Kenntnis erhalten hat, den ganzen Versicherungsvertrag fristlos kündigen. Die Pflicht des Versicherungsnehmers zur Zahlung der Prämie für das laufende Versicherungsjahr bleibt durch diese Kündigung unberührt. Die Gesellschaft kann die Kündigung auf den Vertrag, soweit er die Versicherung des

vorübergehenden Ertragsausfalles betrifft, beschränken. In diesem Falle finden die Vorschriften der §§ 15, 16 entsprechende Anwendung.

4. Ist der Versicherungsnehmer außerstande, die Kosten dieser Erneuerung aus eigenen Mitteln zu tragen, so kann er von der Gesellschaft die Gewährung eines Erneuerungsdarlehens bis zur Höhe der erforderlichen Kosten, höchstens jedoch bis zur Erschöpfung des Rückkaufswertes (§ 8 Abs. 1), verlangen.

5. Hält der Versicherungsnehmer eine solche Erneuerung für erforderlich und stimmt die Gesellschaft zu, so hat er den gleichen Anspruch auf Gewährung des Erneuerungsdarlehens.

6. In Zweifelfällen entscheidet das in § 25 vorgesehene Schiedsgericht.

7. Das Erneuerungsdarlehen kann zinsfrei oder gegen Verzinsung von 5% gewährt werden. Wünscht der Versicherungsnehmer ein zinsfreies Darlehen und stimmt die Gesellschaft zu, so kann sie ihre Zustimmung davon abhängig machen, daß der Versicherungsnehmer in eine entsprechende Hinausschiebung des Endtermins der Versicherung und der aus ihr entspringenden Rechte und Pflichten einwilligt. Andernfalls findet eine entsprechende Herabsetzung der Versicherungssumme statt.

8. Die Gesellschaft hat das Recht, die ausschließliche Verwendung des Darlehens für die Erneuerung zu beaufsichtigen. Sie darf nötigenfalls die aus den Erneuerungsarbeiten gegen den Versicherungsnehmer entstehenden Forderungen unmittelbar begleichen; eine solche Bezahlung gilt als Hingabe des Darlehens an den Versicherungsnehmer.

9. Unberührt bleiben die den Hypothekengläubigern nach § 24 zustehenden Rechte.

§ 15.

Mitteilungspflicht in Schadenfällen.

1. Der Versicherungsnehmer hat der Gesellschaft jede Kündigung oder Leerstellung eines versicherten Mietraumes schriftlich unter Vorlegung des betreffenden Mietvertrages und unter Mitteilung der Gründe der Kündigung oder Leerstellung innerhalb einer Woche nach erfolgter Kündigung oder Leerstellung mitzuteilen. Schuldhafte Verletzung der Mitteilungspflicht zieht den Verlust des jeweiligen Entschädigungsanspruchs nach sich. Daneben ist die Gesellschaft berechtigt, den Versicherungsvertrag, soweit er die Versicherung gegen vorübergehenden Ertragsausfall betrifft, fristlos zu kündigen. Gleichwohl bleibt der Versicherungsnehmer zur Zahlung der Prämie für das laufende Versicherungsjahr noch verpflichtet.

2. Im Falle dauernder Entwertung des versicherten Hauses beginnt die Leistungspflicht der Gesellschaft nicht vor Mitteilung des Schadensfalles durch den Versicherungsnehmer.

§ 16.

Mitteilungspflicht bei Wiedervermietung.

Der Versicherungsnehmer hat der Gesellschaft die Wiedervermietung eines gekündigten oder leergestellten versicherten Mietraumes schriftlich unter Vorlegung des neuen Mietvertrages, der in Abschrift in Händen der Gesellschaft bleibt, innerhalb einer Woche nach erfolgter Wiedervermietung mitzuteilen. Verletzt der Versicherungsnehmer schuldhaft diese Mitteilungspflicht, so hat die Gesellschaft das Recht, den Versicherungsvertrag, soweit er die Versicherung gegen vorübergehenden Ertragsausfall betrifft, fristlos zu kündigen. Gleichwohl bleibt der Versicherungsnehmer zur Zahlung der Gesamtprämie für das laufende Versicherungsjahr noch verpflichtet.

§ 17.
Gefahrerhöhung — Änderung der Zweckbestimmung.

1. Im Falle einer Gefahrerhöhung gelten die gesetzlichen Bestimmungen der §§ 23—31, 40 Abs. 1, 41, 42 VVG.

2. Als Gefahrerhöhung im Sinne dieses Paragraphen gilt insbesondere: Verlegung von Bahnhöfen oder Straßenbahnverbindungen, Beseitigung von Parks oder Ziergärten, Inbetriebsetzung störender Vergnügungsstätten oder Fabriken in der Nähe des versicherten Hauses.

3. Steigert der Versicherungsnehmer Mieten einschließlich Nebenforderungen über die im Versicherungsschein angegebene Summe oder nimmt er bauliche Veränderungen vor, ohne die schriftliche Genehmigung der Gesellschaft einzuholen, so entfällt die Entschädigungspflicht der Gesellschaft für Mietausfall, der durch Leerstehen infolge der Mietsteigerung oder baulichen Veränderung eintritt. Tritt nach Mieterhöhung oder Vornahme baulicher Veränderungen, die die Gesellschaft nicht schriftlich genehmigt hat, ein Mietausfall infolge Leerstehens der betreffenden Räume ein, so hat der Versicherungsnehmer, wenn er Entschädigungsansprüche gegen die Gesellschaft wegen Leerstehens der Räume gelten macht, zu beweisen, daß das Leerstehen auf andere Ursachen als auf die Mieterhöhung oder die Vornahme baulicher Veränderungen zurückzuführen ist.

4. Die Gesellschaft kann das ihr nach § 25 VVG. zustehende Kündigungsrecht auch nur unter Beschränkung auf die Versicherung des vorübergehenden Ertragsausfalles ausüben. In solchen Fällen finden die §§ 15, 16 der Bedingungen entsprechende Anwendung.

5. Tritt während der Versicherungsdauer eine vollständige oder teilweise Änderung in der Zweckbestimmung des Hauses ein, so endet der Versicherungsvertrag. Wünscht der Versicherungsnehmer Fortsetzung des Vertrages, so ist nach Neuaufnahme einer Taxe eine neue Vereinbarung nötig. Kommt eine solche neue Vereinbarung nicht zustande, so gelangt das volle Deckungskapital (§ 5) zur Auszahlung.

6. Die Gesellschaft kann in Abweichung von den §§ 5 und 8 der Bedingungen die Erneuerung der Versicherung gegen die dauernde Entwertung im Falle einer Zweckänderung des Hauses (Abs. 4) auch nach der endgültigen Übernahme des Risikos ablehnen.

7. Unberührt bleiben die den Hypothekengläubigern nach § 24 zustehenden Rechte.

§ 18.
Ausschluß der höheren Gewalt.

1. Wird das Haus durch höhere Gewalt betroffen, so endet der Versicherungsvertrag. Werden nur einzelne versicherte Mieträume durch höhere Gewalt betroffen, so besteht das Kündigungsrecht der Gesellschaft nur hinsichtlich der Versicherung des vorübergehenden Ertragsausfalles.

2. Als Fälle höherer Gewalt im Sinne dieser Bestimmung gelten insbesondere folgende: direkte oder indirekte Einwirkungen von Elementarereignissen, Epidemien, Maßregeln, die im Kriege oder nach Erklärung des Kriegs- oder Belagerungszustandes militärischer- oder polizeilicherseits angeordnet werden, sowie andere Kriegsereignisse, Verfügungen von Verwaltungs- oder Polizeibehörden, letztere jedoch nicht, wenn sie infolge der dauernden Entwertung des Hauses ergehen. Der höheren Gewalt stehen Umbau oder Abbruch des Hauses mit der soeben gemachten Einschränkung in der Wirkung gleich.

3. Wünscht der Versicherungsnehmer Fortsetzung des Vertrages, so ist nach Neuaufnahme einer Taxe eine neue Vereinbarung nötig. Kommt eine solche neue

Vereinbarung nicht zustande und ist der ganze Vertrag aufgehoben, so gelangt das volle Deckungskapitel (§ 4) zur Auszahlung.

4. Unberührt bleiben die den Hypothekengläubigern nach § 24 zustehenden Rechte.

5. Ist der Vertrag nur insoweit aufgehoben, als er die Versicherung des vorübergehenden Ertragsausfalles betrifft, so wird die Versicherung der dauernden Entwertung des Hauses fortgesetzt. Etwa im voraus zuviel gezahlte Prämie wird zurückerstattet.

§ 19.

Ausschluß der vom Versicherungsnehmer selbst benutzten Räume von der Versicherung gegen vorübergehenden Ertragsausfall.

1. Der Versicherungsnehmer hat keinen Anspruch auf Entschädigung für das Leerstehen von Räumen, die er selbst benutzt hat, auch wenn sie in den Versicherungsvertrag aufgenommen sind. Räume, die der Versicherungsnehmer zur Zeit des Vertragsabschlusses selbst benutzt, werden in den Vertrag nicht aufgenommen.

2. Vermietet der Versicherungsnehmer selbstbenutzte Räume nach Abschluß des Versicherungsvertrages, so hat er dies der Gesellschaft schriftlich unter Vorlegung des Mietvertrages, der in Händen der Gesellschaft bleibt, anzuzeigen, damit eine neue Vereinbarung über Prämie, Selbstversicherung, Entschädigung usw. (vgl. § 11) getroffen werden kann.

3. Benutzt der Versicherungsnehmer Räume, die vermietet und versichert waren, nach Leerstellung für eigene Zwecke, so hat er das ebenfalls schriftlich innerhalb einer Woche nach Beginn der Benutzung anzuzeigen. Die schuldhafte Verletzung der Anzeigepflicht zieht die Folgen des § 16 nach sich.

4. Ist die Selbstbenutzung nur vorübergehend, so kommt ihr Wert bei der Festsetzung der Entschädigung für den Mietausfall in Anrechnung. Ist sie dauernd, so scheiden die betreffenden Räume damit ohne weiteres aus der Versicherung gegen vorübergehenden Ertragsausfall aus.

§ 20.

Absichtliche Herbeiführung des Versicherungsfalles.

1. Der Versicherungsnehmer verliert seine Entschädigungsansprüche, wenn er den Versicherungsfall schuldhaft herbeiführt.

2. Als schuldhafte Herbeiführung des Versicherungsfalles gilt es bei der Versicherung des vorübergehenden Ertragsausfalles insbesondere auch, wenn der Versicherungsnehmer ein Mietverhältnis ohne wichtigen Grund, dessen Berechtigung er nachzuweisen hat, kündigt oder einen Mieter von einem bestehenden Mietverhältnis ohne schriftliche Genehmigung der Gesellschaft entbindet. Als wichtige Gründe zur Kündigung gelten hingegen stets die Fälle der §§ 553 und 554 BGB. Für die Kündigung zwecks Steigerung von Miete gilt § 17 Abs. 2a der Bedingungen.

3. Die Gesellschaft hat außer dem Recht, die Entschädigung zu verweigern, die Befugnis, innerhalb eines Monats, seit sie von dem Verhalten des Versicherungsnehmers Kenntnis erhalten hat, den ganzen Versicherungsvertrag fristlos zu kündigen, wenn es sich um einen Schadenfall der dauernden Entwertung des Hauses handelt, andernfalls nur den Teil des Versicherungsvertrages, der sich auf die Versicherung des vorübergehenden Ertragsausfalles bezieht.

4. Die Pflicht des Versicherungsnehmers zur Zahlung der Prämie für das laufende Versicherungsjahr bleibt durch diese Kündigung unberührt. Betrifft die Kündigung nur die Versicherung des vorübergehenden Ertragsausfalles, so ist die volle Prämie für das laufende Versicherungsjahr fortzuzahlen.

5. Der schuldhaften Herbeiführung des Versicherungsfalles steht es gleich,

wenn der Versicherungsnehmer bei Mitteilung eines Schadenfalles schuldhaft unrichtige Angaben macht.

§ 21.

Doppelversicherung.

Während der Dauer des Versicherungsverhältnisses darf der Versicherungsnehmer das versicherte Gebäude bzw. die versicherten Räume nicht bei einem anderen Unternehmen gegen die gleichen Gefahren versichern. Die schuldhafte Verletzung dieser Obliegenheit hat den Verlust des Entschädigungsanspruchs zur Folge.

§ 22.

Vermietungsrecht der Gesellschaft.

1. Die Gesellschaft will es sich angelegen sein lassen, dem Versicherungsnehmer die Wiedervermietung gekünigter oder leergestellter versicherter Mieträume durch Vermittlung, gegen eine im Versicherungsvertrage zu vereinbarende Vermittlungsgebühr, zu erleichtern. Die Gesellschaft wird auf Verlangen des Versicherungsnehmers in dieser Richtung sofort tätig. Sind die gekündigten Mieträume 2 Monate nach der Kündigung, spätestens jedoch bei Leerstellung, noch nicht wieder vermietet, so hat die Gesellschaft das Recht, die Wiedervermietung neben dem Versicherungsnehmer gegen die erwähnte Vermittlungsgebühr zu betreiben.

2. Vereitelt der Versicherungsnehmer durch schuldhaftes Verhalten die Wiedervermietung, so verliert er seine Ansprüche auf Ersatz der ausfallenden Miete. Daneben hat die Gesellschaft das Recht, den Vertrag, soweit er die Versicherung gegen vorübergehenden Ertragsausfall betrifft, fristlos zu kündigen. Gleichwohl bleibt der Versicherungsnehmer zur Zahlung der Gesamtprämie für das laufende Versicherungsjahr verpflichtet.

§ 23.

Mietherabsetzung durch die Gesellschaft.

1. Die Gesellschaft hat das Recht, wenn versicherte Mieträume länger als 6 Monate mangels eines geeigneten Mieters leergestanden haben, zu verlangen, daß der Versicherungsnehmer die Miete der betreffenden Räume für die Versicherungsdauer um einen angemessenen Betrag ermäßigt. Der dem Versicherungsnehmer dadurch entstehende Mietausfall ist ihm für die ganze Versicherungsdauer nach Maßgabe der Bestimmungen über die ordentliche Entschädigung für vorübergehenden Ertragsausfall zu ersetzen.

2. Verweigert der Versicherungsnehmer die Herabsetzung der Miete, so verliert er seine Entschädigungsansprüche wegen Leerstehens dieser Mieträume. Daneben hat die Gesellschaft das Recht, den Versicherungsvertrag, soweit er die Versicherung gegen vorübergehenden Ertragsausfall betrifft, fristlos zu kündigen. Gleichwohl bleibt der Versicherungsnehmer zur Zahlung der vollen Prämie für das laufende Versicherungsjahr verpflichtet.

§ 24.

Hypothekengläubiger.

1. Für die Hypothekengläubiger des versicherten Hauses gelten die §§ 1127 bis 1130 BGB., sowie die §§ 97—107 VVG. in entsprechender Anwendung.

2. Die Gesellschaft erläßt jedesmal nach Feststellung einer Entschädigung bzw. der Höhe des Deckungskapitals an diejenigen Hypothekengläubiger, die ihre Forderungen gemäß § 100 VVG. bei ihr angemeldet haben, eine Aufforderung; etwaige Ansprüche auf die Entschädigung bzw. das Deckungskapital mittels eingeschriebenen Briefes geltend zu machen. Erfolgen Meldungen, so ist die Gesellschaft berechtigt, sie nach Ablauf eines Monats von der Aufforderung

an in der aus dem Grundbuch ersichtlichen Reihenfolge zu befriedigen, es sei denn, daß der Versicherungsnehmer der Auszahlung widerspricht. Hat der Versicherungsnehmer widersprochen, oder erscheint der Gesellschaft das Recht oder die Reihenfolge der Hypothekengläubiger nicht unzweifelhaft, so hinterlegt die Gesellschaft die Summe bei der zuständigen öffentlichen Hinterlegungsstelle.

3. Den Hypothekengläubigern stehen die Gläubiger aus einer Grundschuld, Rentenschuld oder Reallast gleich.

§ 25.
Schiedsgericht.

1. Alle streitigen Ansprüche eines Versicherungsnehmers gegen die Gesellschaft müssen zunächst vor ein Schiedsgericht gebracht werden; vgl. § 26 Abs. 3.

2. Das Schiedsgericht besteht aus je einem von der Gesellschaft und dem Versicherungsnehmer ernannten Sachverständigen und einem von diesen Sachverständigen gewählten Obmann, der bei den Entscheidungen den Ausschlag gibt.

3. Die Gesellschaft und der Versicherungsnehmer tragen jeder das ihrem Sachverständigen für seine Tätigkeit gezahlte Honorar selbständig, das dem Obmann zu zahlende Honorar geht zur Hälfte. Sonst ist das schiedsgerichtliche Verfahren gebührenfrei.

4. Gibt sich einer der Beteiligten mit dem Spruch des Schiedsgerichts nicht zufrieden (§ 26 Abs. 3), so hat er alle den Sachverständigen und dem Obmann zu zahlenden Honorare allein zu tragen, wenn er im ordentlichen Rechtswege unterliegt.

5. Die Gesellschaft ist berechtigt, die nach dem Gesagten vom Versicherungsnehmer zu tragenden Honorare vom Deckungskapital in Abzug zu bringen.

§ 26.
Gerichtsstand.

1. Ausschließlicher Gerichtsstand für Klagen der Gesellschaft gegen die Versicherungsnehmer ist das Amtsgesicht Berlin-Mitte bzw. das Landgericht I in Berlin.

2. Klagen gegen die Gesellschaft kann der Versicherungsnehmer, abgesehen von diesem Gerichtsstand, auch bei den für seinen Wohnsitz zuständigen Gerichten erheben.

3. Der ordentliche Rechtsweg ist für Klagen gegen die Gesellschaft erst zulässig, nachdem der Rechtsstreit vor das im § 25 genannte Schiedsgericht gebracht worden ist und einer der Beteiligten erklärt, daß er sich mit dem Spruch des Schiedsgerichts nicht zufriedengebe.

§ 27.
Verjährung von Ansprüchen.

Die Ansprüche des Versicherungsnehmers an die Gesellschaft verjähren innerhalb zweier Jahre. Die Verjährung beginnt mit dem Schluß des Kalenderjahres, in dem die Ansprüche entstanden sind. Hat die Gesellschaft die geltend gemachten Entschädigungsansprüche zurückgewiesen oder nur teilweise anerkannt, so verliert der Versicherungsnehmer die Ansprüche oder Mehransprüche an die Gesellschaft, wenn er sie nicht innerhalb einer Frist von 6 Monaten vor dem in § 25 genannten Schiedsgericht geltend macht. Die Frist beginnt, nachdem die Gesellschaft dem Versicherungsnehmer gegenüber den erhobenen Anspruch unter Angabe der mit dem Ablauf der Frist verbundenen Rechtsfolge ganz oder teilweise schriftlich abgelehnt hat.

Die Spezialbestimmungen über Hypothekenversicherung unterliegen noch der Bearbeitung. In ihnen ist insbesondere noch die Entschädigungsfrage und die rechtliche Stellung der Hypothekengläubiger zu der Versicherung zu regeln.

Nachtrag zu S. 53.

Von Herrn Präsident van der Borght, der meinen Bestrebungen stets freundliches Interesse entgegengebracht hat, erhalte ich nach Drucklegung nachfolgende Ausführungen über die Hypothekenschutzbanken, deren Berücksichtigung im Text leider nicht mehr möglich war:

„Der Hypothekenschutz beabsichtigt nicht, wie die frühere Hypothekenversicherung und die Garantiegenossenschaften, den Hypothekengläubigern im Falle ihrer Zwangsversteigerung Ausbietungsgarantie zu gewähren. Der Hypothekenschutz will nicht erst eingreifen, wenn der Zusammenbruch des Schuldners eingetreten ist — erst in diesem Fall wird die Ausbietungsgarantie praktisch angewandt werden können, wenn sie auch schon vorher den Kapitalzugang zum Realkredit erleichtert —, sondern der Hypothekenschutz will den Zusammenbruch des Schuldners verhindern. Deshalb beseitigt er durch den Lastenschutz (vorschußweise Gewährung fälliger Zinsen, Steuern usw., falls der Schuldner sie nicht aus Eigenem rechtzeitig aufbringen kann) die Anlässe zur Zwangsversteigerung, und zwar nicht bloß bei der geschützten nachstelligen Hypothek, sondern auch bei allen voranstehenden Hypotheken. Aus dem gleichen Grunde verhindert er durch den Kapitalschutz eine Kapitallücke bei Fälligwerden sowohl der geschützten, als auch der voranstehenden Nachhypotheken dadurch, daß er entweder den Gläubiger veranlaßt, die fällig gewordene Hypothek stehenzulassen, oder daß er, wenn das nicht angängig ist, dem Schuldner eine Hypothek bei einem anderen Geldgeber vermittelt, oder daß er aus den ihm selbst zur Verfügung stehenden oder auf dem Wege des Kredits zu beschaffenden Mitteln eine Ersatzhypothek gewährt. Das Risiko des Kapitalschutzes ist von viel geringerem Umfange, als meistens angenommen wird, weil selbst in dem Falle, daß die Schutzbank selbst aus eigenen Mitteln Ersatz für die fällig gewordene Hypothek beschaffen muß, sie als Hypothekengläubiger in dem beliehenen Grundstück das nötige Unterpfand hat. Der Hypothekenschutz mutet den Schutznehmern keine anderen und größeren persönlichen Beschränkungen zu, als sie auch bei der Hauslebensversicherung erforderlich sein werden. Er verlangt die Ansammlung von Tilgungsbeträgen, um auf diese Weise den Kapitalanteil des Hauseigentümers am Grundstück zu vergrößern, also einen Ersatz für die sonst fehlende Abschreibung zu beschaffen, und er kann gegebenenfalls eine Sicherstellung seiner Ansprüche durch Bestellung einer dinglichen Sicherheit beanspruchen, falls die Verhältnisse des Schuldners das notwendig machen. Diese Sicherheit kann z. B. durch Eintragung einer Abtragungshypothek in Höhe des fünfjährigen Schutzzinses bewirkt werden. Daß der Hypothekenschutz, wenn der Schutzfall praktisch wird, also z. B. die Steuern und Hypothekenzinsen für den geschützten Schuldner vorschußweise von der Schutzbank gezahlt werden, auf die Wiedereinbringung dieser Vorschüsse Bedacht nehmen und dafür gewisse Maßregeln mit dem Schuldner vereinbaren muß, versteht sich von selbst.

Das Reichsaufsichtsamt für Privatversicherung ist nicht in die Lage gekommen, es abzulehnen, den „Hypothekenschutz wegen des zu großen Risikos und der mangelhaften Fundierung als aufsichtspflichtige Versicherung zu genehmigen". Vielmehr hat bei Eintragung der Hauptbank für Hypothekenschutz der Registerrichter die Frage aufgeworfen, ob es sich hier um einen aufsichtspflichtigen Versicherungsbetrieb handele oder nicht. Mit dieser Frage hat sich das Aufsichtsamt längere Zeit beschäftigt und seinerseits den Standpunkt vertreten, daß es sich um einen aufsichtspflichtigen Versicherungsbetrieb handele. Die Reichsverwaltung hat dagegen auf Vorstellung der beteiligten Kreise anerkannt, daß in Wirklichkeit nur eine Selbsthilfemaßregel des Hausbesitzes in Frage stehe, die nicht der Aufsicht des Aufsichtsamtes zu unterstellen sei. Ein Gesetzentwurf, der diese Sachlage klarstellt, ist am 5. 10. 17 dem Reichstag zugegangen und am 8. 10. bereits vom Reichstag beschlossen worden. In der Begründung des Gesetzentwurfes war die Bedeutung des Hypothekenschutzes eingehend gewürdigt, und auch die amtliche Denkschrift über wirtschaftliche Maßnahmen aus Anlaß des Krieges hat in ihrem 11. Nachtrage den Hypothekenschutz als ein groß angelegtes und aussichtsreiches Werk der Selbsthilfe führender Verbände des Baugewerbes und des Grundbesitzes anerkannt. Der Hypothekenschutz wird betrieben zur Zeit von 5 Schutzbanken (für Bayern, für Brandenburg und Groß-Berlin, für Ostpreußen, für Sachsen und Anhalt und für die Rheinprovinz). Jede dieser Banken hat eine Million Mark Nennkapital, worauf 25% eingezahlt sind. Als Rückdeckungsstelle für diese Banken erscheint die Hauptbank für Hypothekenschutz, deren Nennkapital drei Millionen Mark beträgt, auf das ebenfalls 25% eingezahlt sind. Daß der Hypothekenschutz sich bei den wachsenden Schwierigkeiten des Krieges und unter den Nachwirkungen der Staatsumwälzung vom November 1918 nur langsam und schrittweise in die Praxis umsetzt, ist selbstverständlich, um so mehr, als die Schutznehmer aus den Kreisen der Hausbesitzer kommen müssen, die ohnehin mit wachsenden Ausgaben zur Zeit überlastet sind. Trotzdem hat namentlich in der letzten Zeit der Hypothekenschutz seinen Geschäftsumfang wesentlich erweitern können, und die in Arbeit befindliche Umgestaltung in organisatorischer Hinsicht dürfte diese Fortschritte noch wesentlich verstärken. Erwähnt sei noch, daß die Hypothekenschutzorganisationen mit 25 deutschen Hypothekenbanken ein Abkommen getroffen haben, wonach die Gefahr der Spitzenkündigung bei Verlängerung von fällig oder kündbar werdenden städtischen Hypotheken beseitigt wird." —

Daß der Gedanke, der dem Hypothekenschutz zugrunde liegt, nämlich dem Grundbesitz schon möglichst frühzeitig zu helfen und so einem Zusammenbruch gewissermaßen zuvorzukommen, nützlich ist und theoretisch einen Fortschritt darstellt, soll nicht bestritten werden.

Ich glaube jedoch, in meinen Ausführungen zur Genüge nachgewiesen zu haben, wo der Ausgangspunkt einer gründlichen und rechtzeitigen Sanierungsmaßnahme zu finden ist, der uns in logischer Selbstverständlichkeit den richtigen Weg weist. Gegenüber den grundsätzlichen Unterschieden, die zwischen dem von mir vorgeschlagenen System, das das Übel an der Wurzel fassen will, und dem Hypothekenschutz bestehen, lohnt es sich wohl nicht, auf die hier angeschnittenen Fragen zweiter Ordnung einzugehen. D. V.

Literaturübersicht.

v. Böhm-Bawerk, Kapital und Kapitalzins. II. Aufl. Innsbruck 1909—14.

H. H. Gossen, Entwicklung des Gesetzes des menschlichen Verkehrs und der daraus fließenden Regeln für menschliches Handeln. Braunschweig 1834.

Lujo Brentano, Die Entwicklung der Wertlehre. München 1908.

A. Messer, Einführung in die Erkenntnistheorie. Leipzig 1909.

J. Kant, Kritik der Urteilskraft, ed. Kehrbach.

B. Spinoza, Ethica, Opera ed. Bruder, Bd. I.

Eduard v. Hartmann, Die sozialen Kernfragen. Leipzig 1894.

Walter Fischer, Das Problem der Wirtschaftskrisen im Lichte der neuesten nationalökonomischen Forschung. Karlsruhe 1911.

Heinrich Herkner, Artikel Krisen. Handwörterbuch der Staatswissenschaften, 2. Aufl., Jena 1900.

Adolf Hasenkamp, Die wirtschaftliche Krise des Jahres 1907 in den Vereinigten Staaten von Amerika.

L. Bendix und J. Jastrow, Die amerikanische Bankreform. Jahrbuch für Nationalökonomie, Statistik. Jena 1914.

Arthur Spiethoff, Vorbemerkungen zu einer Theorie der Überproduktion. Schmollers Jahrbuch für Ges., Verw. und Volksw., Jahrg. 26, Bd. 2. 1902.

Friedrich Kleinwächter, Das Wesen der städtischen Grundrente. Leipzig 1912.

Karl Lehmann, Schutz und Erhaltung kaufmännischer Unternehmungen im deutschen Handelsrecht. In Festschrift für Georg Cohn. Zürich 1915.

R. Liefmann, Einfluß des internationalen Kapitalverkehrs auf die Krisen. Jahrbuch für Nationalökonomie, 3. Folge, Bd. 27.

Schumpeter, Über das Wesen der Wirtschaftskrisen. Zeitschr. für Volksw., Sozialpolitik und Verwaltung, Bd. 19.

Bouniatian, Studien zur Theorie und Geschichte der Wirtschaftskrisen. Berlin 1908.

Hans Brinkmann, Die Teilhaberversicherung. Zeitschrift für Versicherungs-Wissenschaft, Jahrg. 1916, Bd. 16, Heft 4.

Alfred Manes, Mietverlustversicherung. Studie. Berlin 1909.

Rudolf Eberstadt, Die Kreditnot des städtischen Grundbesitzes und die Form des Realkredites. Jena 1916.

— Neue Studien über Städtebau und Wohnungswesen. Jena 1914. Handbuch des Wohnungswesens, 2. Aufl., Jena 1916.

W. Gemünd, Die Grundlagen zur Besserung der städtischen Wohnungsverhältnisse. Berlin 1913.

F. Terhalle, Die Kreditnot am städtischen Grundstücksmarkt. Jena 1916.

Fritz Dannenbaum, Deutsche Hypothekenbanken. Berlin 1912.

Friedrich Schwartz, Städtischer Grundkredit und Tilgungshypothek. Berlin 1915.

Ascher, Die Wohnungsmieten in Berlin von 1880—1910. Berlin 1918.

Ph. Nitze, Die Entwicklung des Wohnungswesens von Groß-Berlin. Berlin 1913.

v. d. Borght, Der städtische Realkredit nach dem Kriege. Stuttgart 1916. Finanzwirtschaftliche Zeitfragen, Heft 23.

Fritz Beuster, Städtische Siedlungspolitik nach dem Kriege. Berlin 1916.

Haberland, Wohnungsversorgung nach dem Kriege. Berlin 1918.

Martin Wagner, Bauwirtschaft, Realkredit und Mieten in und nach dem Kriege. Stuttgart 1917.

Adolf Paul, Erneuerungs-, Ersatz-, Reserve-, Tilgungs- und Heimfallfonds, ihre grundsätzlichen Unterschiede und ihre bilanzmäßige Behandlung. Berlin 1916.

Beiträge zur Wohnungsfrage während des Krieges: 14. Sonderheft des Reichsarbeitsblattes. Berlin 1917.

Bauwelt, Jahrg. 1912—1918.

Zeitschrift für Wohnungswesen. ed. Prof. H. Albrecht.